SERVICIOS FINANCIEROS:

BANCA Y BOLSA

BLANCA AGUIRRE BELTRÁN

SERVICIOS FINANCIEROS:
BANCA Y BOLSA

Sociedad General Española de Librería, S. A.

Primera edición: 1993

EL ESPAÑOL
por profesiones

(series)

Produce: SGEL-Educación
        Marqués de Valdeiglesias, 5 - 1º 28004 MADRID

Directora de la colección: Blanca Aguirre

Agradecemos los textos cedidos por la Caja de Madrid para su reproducción en las secciones (4.C.3.a; 5A.4.b. y 6C 3.d), Citibank (4C. 4.b. y 5A. 4.b), Banco Central Hispanoamericano (8B. 2b), Actualidad Económica (9A. 3.b.) y Cinco Días (9A. 4).

© Sociedad General Española de Librería, S. A., 1993
    Avda. Valdelaparra, 29 - 28100 ALCOBENDAS (MADRID)

ISBN: **84-7143-480-6**
Depósito Legal: M. **14.668-93**
Printed in Spain - Impreso en España

Cubierta: Erika Hernández
Ilustraciones: L. Carrascón
Maqueta: E. Campos

Compone: Amoretti. Sánchez Pacheco, 62
Imprime: Cronocolor, S. A.
Encuaderna: F. Méndez, S. L.

Presentación

El presente título, **SERVICIOS FINANCIEROS: BANCA Y BOLSA,** *de la colección* **El Español por Profesiones,** *está dirigido a todas aquellas personas que tienen conocimientos básicos de la lengua española y desean continuar su aprendizaje y profundización para utilizarla en un contexto profesional.*

Esta obra pretende satisfacer las necesidades más generales de comunicación, tanto oral como escrita, de los profesionales de los servicios financieros. Para ello, el material está organizado en nueve unidades didácticas subdivididas, cada una de ellas, en tres secciones.

En cada sección, el lector encontrará los siguientes apartados:

- **Presentación:** *con documentos auténticos o diálogos que introducen la situación profesional, el tema y el léxico pertinente.*

- **Para leer y comprender.**
- **Para hablar.**
- **Para practicar.**
- **Y para terminar.**

Incorporan las cuatro destrezas básicas, así como ejercicios y actividades comunicativas que permiten la familiarización con los procedimientos y documentos de la profesión.

Con el fin de facilitar el aprendizaje se ha introducido también una **Sección de Consulta** *en la que, en los apartados de* Diccionario, Funciones, Gramática y Memoria, *figuran las definiciones y explicaciones de los términos, los exponentes de las funciones, los aspectos gramaticales y las nociones desarrolladas en cada una de las unidades didácticas del libro.*

Para aquellos que prefieran el sistema de autoaprendizaje, se incluye una Clave de Soluciones *de los ejercicios propuestos. Y, junto a ella, los apéndices de* Abreviaturas y Siglas, *así como un* Glosario multilingüe.

Confiamos en que, no sólo este título, sino toda la colección, sea de utilidad para profesionales, profesores y estudiantes.

LA AUTORA

CONTENIDOS

Unidad	TEMAS Y SITUACIONES	ACTIVIDADES
1	**Sistemas e Instituciones Financieras** A. El Sistema financiero B. El Sistema financiero español y el Banco de España C. Instituciones financieras de la C E E	• Prácticas de pronunciación. • Extraer y organizar información. • Léxico profesional. • Redacción correcta. • Exposición oral. • Uso del diccionario.
2	**La Organización Bancaria** A. Estructura legal y clases de entidades. B. Organización de la empresa bancaria C. Apertura de una oficina, agencia o sucursal	• Interpretación de información no textual. • Comprensión de información. • Tomar notas. • Familiarización con documentación y terminología. • Utilización de medios audiovisuales. • Imagen corporativa. • Supuestos profesionales.
3	**Selección de Personal** A. Ofertas de trabajo B. Solicitud de empleo C. Entrevista de candidatos	• Comprender y expresar condiciones laborales. • Procedimientos y obligaciones. • Entrevista de trabajo. • Prácticas de redacción y traducción. • Perfil profesional.
4	**Operaciones Bancarias** A. Principales operaciones bancarias B. Operaciones activas C. Operaciones pasivas	• Extraer detalles de información. • Expresión oral y escrita. • Adquisición de jerga profesional. • Familiarización con las operaciones bancarias. • Supuestos profesionales.
5	**Servicios y Productos Bancarios** A. Oferta general de servicios B. Servicios y productos para las empresas C. Marketing y productos bancarios	• Transferencia de información. • Utilización de la Documentación. • Expresión visual y gestual. • Exposición oral y redacción. • Instrumentos crediticios. • Marketing y Publicidad.

CONTENIDS

Unidad	TEMAS Y SITUACIONES	ACTIVIDADES
6	**En una Oficina Bancaria** A. El patio de operaciones B. Cambio, change, exchange, wechsel, valuta C. Tarjetas de crédito	• Extraer detalles de información. • Prácticas de redacción. • Orden correcto de instrucciones. • Medios de pago. • Comunicación no verbal. • Cálculo.
7	**El Mercado de Valores** A. La reforma del mercado de valores B. Inversiones en activos financieros C. En la Bolsa	• Extraer y resumir información. • Exposición oral y transferencia de información. • Adquisición de jerga bursátil. • Uso del diccionario y material de referencia. • Informatización de la Bolsa.
8	**Reuniones, Juntas e Informes** A. Reuniones B. Junta de accionistas C. Memorias, balances e informes de gestión	• Organización y resumen de la información. • Familiarización con los procedimientos y adquisición de la terminología apropiada para reuniones y juntas. • Expresión gestual. • Correspondencia social: condolencia y felicitación. • Resultados de gestión y representación gráfica. • Relaciones sociales. • Teleconferencia.
9	**Boletín Informativo** A. Prensa especializada B. Información bursátil C. Teleplús-finanzas	• Organización del discurso. • Comprensión de prensa especializada. • Reflexión sobre la lengua. • Detección de errores. • Medios de comunicación.

Sección de Consulta

Clave de la solución de los ejercicios

Apéndice de abreviaturas y siglas

Glosario multilingüe

Sistemas e instituciones financieras

A   EL SISTEMA FINANCIERO

1.   En nuestro espacio televisivo dedicado a la economía, presentamos hoy El Mundo Financiero

«Buenas tardes, señoras y señores.

Hoy vamos a aproximarnos a un tema del que oímos hablar constantemente: el mundo financiero.

Diariamente, leemos o escuchamos noticias relacionadas con productos financieros, fiscalidad del ahorro, adaptación de nuestro sistema financiero al de los países de la CEE, comentarios de la Bolsa, etc. Y es que las cuestiones financieras tienen una particularidad: tratan de un bien llamado dinero. El bien más solicitado por la sociedad. En la sociedad hay un conjunto de unidades (personas, empresas o instituciones) que tienen unos ingresos. Ingresos que utilizan para satisfacer sus necesidades. En algunos casos, los ingresos son superiores a los gastos y se produce el ahorro. Otras unidades tienen gastos superiores a los ingresos, en cuyo caso tienen que pedir dinero prestado que irán devolviendo de acuerdo con unas condiciones.

Para llevar a cabo la misión de recoger el dinero procedente de los ahorradores y prestarlo a los peticionarios o inversores, existen unas instituciones financieras: los bancos, las cajas de ahorros, las compañías de seguros y los fondos de inversión. El conjunto de estas instituciones constituye el Sistema Financiero, el cual necesita otros elementos denominados instrumentos (medios de pago) y mercados. Ahora bien, estas instituciones financieras deben cumplir las condiciones que plantean los ahorradores (seguridad, rentabilidad y liquidez), así como las de los inversores (precios y plazos de devolución).»

2. Veamos algunas definiciones:

A Conjunto de instituciones, instrumentos y mercados financieros, que tienen como finalidad la adecuada canalización del dinero procedente de los ahorradores hacia los inversores y...

B Conjunto de instituciones bancarias que forman parte del sistema financiero.

C ... canaliza el ahorro por medio de instituciones hacia la formación de capital a través de los mercados financieros que constituyen el mercado de fondos prestables.

D Está constituido por instituciones que proporcionan al sistema económico los medios de financiación para el desarrollo de sus actividades.

E Estructura y organismos que configuran la organización de un país en todo lo concerniente al dinero y las operaciones que de éste derivan.

1. *Para leer y comprender*

a) *Conteste a la siguientes preguntas sobre el espacio televisivo:*

1. ¿Por qué tiene tanta importancia el tema?
2. ¿Quién puede ahorrar?
3. ¿Cuándo hay que pedir dinero prestado?
4. ¿Cuál es la misión de las instituciones financieras?
5. ¿Cómo la llevan a cabo?
6. ¿Qué requisitos tienen que cumplir?

b) *Después de leer las distintas definiciones, decida cuál corresponde a cada uno de los sistemas:*

1. monetario
2. financiero
3. bancario

c) *Utilice un diccionario para definir los términos siguientes:*

— institución
— financiación
— ahorro
— préstamo
— capital

— Bolsa
— ingresos
— rentabilidad
— liquidez
— inversor

2. Para hablar

a) *Por parejas: formulen preguntas a sus compañeros utilizando los términos siguientes y prestando atención a la pronunciación de la* c.

institución, oficial, crédito, banco, canalizar, mercados financieros, estructura, cuestión.

b) *Por parejas: comente con su compañero los tres objetivos que debe cumplir todo sistema financiero.*

— Fomentar el ahorro privado
— Asignar eficazmente los escasos recursos financieros, a fin de obtener la acumulación más eficiente posible del capital existente de la economía.
— Actuar con la flexibilidad necesaria para que las instituciones, los instrumentos y los mercados se adapten a los cambios precisos para obtener los dos primeros objetivos.

3. Para practicar

a) *Formule preguntas por escrito sobre los textos de la presentación, utilizando:*

¿quién?, ¿de qué?, ¿por qué?, ¿para qué?, ¿cómo?, ¿cuándo?, ¿cuál?, ¿cuáles?

b) *Acentúe las siguientes palabras, si es necesario:*

instituciones	diariamente	crediticio	paises	compañia de seguros
inversion	devolucion	economico	instituciones	prestamo

c) *Complete el cuadro siguiente:*

nombre	verbo	adjetivo
instrumento		
financiación		
	ahorrar	
	invertir	
		prestable
estructura		
		financiero
producto		
bolsa		
devolución		

d) ***Sustituya el verbo en cursiva, por la forma correspondiente de los verbos tener, haber, deber:***

1. Las instituciones financieras *cumplen* la finalidad de canalizar el ahorro.
2. Estas instituciones *tienen que* cumplir unas condiciones.
3. El sistema financiero *con el que contamos* es muy parecido al de otros países.
4. *Existen* varias alternativas para rentabilizar los ahorros.
5. El ahorrador *tendría que* tener en cuenta varios aspectos.
6. Cuando una persona tiene más gastos que ingresos *tiene que* pedir un préstamo.

e) ***Defina los términos siguientes utilizando un relativo:***

1. espacio televisivo
2. mundo financiero
3. dinero
4. sistema bancario
5. condiciones del préstamo
6. sociedad

4. *Y para terminar*

a) ***Diseñe su propio esquema para explicar el sistema financiero, utilizando estos
datos:***

*Estado, banco nacional, banca privada, entidades oficiales de crédito, cajas de ahorro,
familias, empresas, mercado de valores.*

b) ***Juego de los bancos***

Reflexione y dé una explicación para los siguientes *bancos*. ¡No consulte el diccionario! A continuación, compare sus explicaciones con las de sus compañeros.

— banco azul
— banco de datos
— banco de piedra
— banco de la paciencia
— banco de ojos
— banco de sangre
— banco de huesos
— banco pinjado

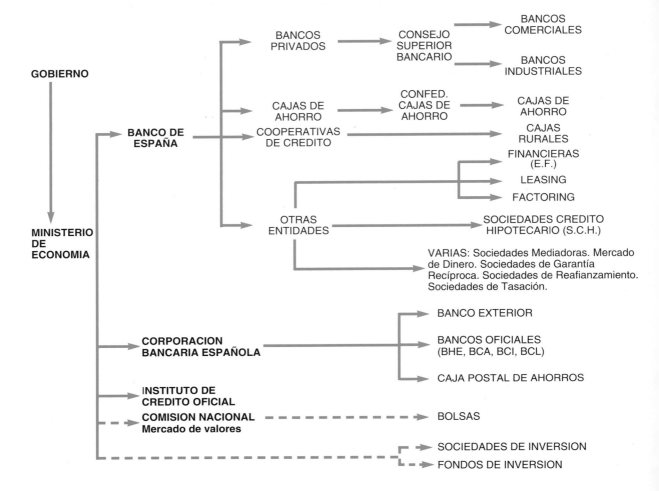

El Sistema Financiero Español (SFE) está constituido por el conjunto de intermediarios entre ahorradores e inversores cuya finalidad es ofrecer a los ahorradores las condiciones de seguridad, rendimiento y líquidez y canalizar el ahorro a través del sistema de forma que los demandantes de recursos tengan las condiciones adecuadas de cantidad, precio y plazo.

Las instituciones que constituyen el SFE son el Banco de España, las Entidades Oficiales de Crédito, la banca privada, las cajas de ahorro y la Bolsa de Valores, así como otras entidades privadas de financiación.

El centro del sistema es el Banco de España que desempeña dos tipos de funciones: de carácter general y bancarias.

Al primer tipo de funciones corresponde: el asesoramiento, desarrollo e instrumentación de la política monetaria y de crédito acordada por el Gobierno; la elaboración de estadísticas bancarias y la inspección de las entidades de crédito.

En cuando al segundo tipo de funciones, el Banco de España, emite en exclusiva los billetes de curso legal; canjea o retira la moneda de la circulación; realiza operaciones con el Tesoro; está autorizado para conceder créditos al sector público; centraliza todas las operaciones económicas con el exterior y tiene a su cargo la reserva de oro y divisas, desde la disolución del Instituto Español de Moneda Extranjera (IEME). Igualmente, realiza todo tipo de operaciones con la Banca privada (concesión de créditos contra la pignoración de deuda pública, redescuento de efectos comerciales, apertura de cuentas bancarias, etc.) posee su propia cartera de renta y adquiere, posee y enajena valores y efectos con la finalidad de regular el mercado de dinero, según la técnica de mercado abierto (open market).

1. Para leer y comprender

a) Señale si las siguientes afirmaciones son verdaderas (V) o falsas (F):

	V	F
1. El sistema financiero está formado por intermediarios….		
2. La función de los intermediarios es canalizar el ahorro hacia la inversión.		
3. La condición más importante para el inversor es el precio.		
4. Las necesidades de los ahorradores y de los inversores son muy distintas.		
5. Una de las tres condiciones que exige el ahorrador es seguridad.		
6. El núcleo del SFE son las entidades privadas de financiación.		

b) Lea el texto y tome nota para contestar:

1. ¿Cuáles son los dos tipos de funciones que desempeña el Banco de España?

   a) _____

   b) _____

2. a) las funciones del primer tipo son: _____

   b) dentro del segundo tipo de funciones están: _____

c) Localice en el texto expresiones afines a las siguientes:

1. emisión y regulación de la circulación fiduciaria
2. banquero del Estado
3. banco de bancos
4. centralización de pagos y cobros externos y de reservas y divisas
5. política monetaria interior y exterior
6. vigilancia sobre el cumplimiento de las normas e indicaciones de la política financiera
7. asesoramiento e información

2. Para hablar

a) Conteste oralmente a las preguntas, utilizando la información que se le proporciona:

1. ¿Cuál es la situación jurídica del Banco de España?
2. ¿Quiénes componen el esquema de organización del Banco de España?
3. ¿Cómo se nombra al gobernador?
4. ¿De dónde proceden los otros representantes?

- Situación jurídica: entidad de derecho público, dependiente del Ministerio de Hacienda.
- Organos rectores: gobernador, nombrado por el ministro de Hacienda, al igual que los subgobernadores, directores generales, Consejo ejecutivo (gobernador más tres subgobernadores, más tres del Consejo general); Consejo general (subgobernadores, 5 vocales representantes de grupos económicos, 2 representantes de la banca, 1 representante de las Cajas de Ahorros, 4 representantes de la Organización Sindical y un representante del personal del Banco).

b) Por parejas: preparen y graben una conversación telefónica solicitando información sobre las normas de uso y expedición de carnet de lector de una biblioteca especializada.

NORMAS DE USO Y EXPEDICION DE CARNETS DE LECTOR DE LA BIBLIOTECA

1.º Para que las personas que no sean empleados del Banco de España tengan acceso a la Sala de Lectura de la Biblioteca, deberán presentar un carnet de lector expedido a su nombre.

2.º A tal efecto, los interesados en obtener dicho carnet de lector deberán ajustarse a los requisitos exigidos en cada una de las modalidades que a continuación se señalan, pudiendo solicitar una u otra, según sus propias necesidades:

    A) *Carnet de Investigador:* validez 2 años. Renovable por períodos iguales dentro de los 3 meses anteriores a cada vencimiento.

    B) *Carnet transitorio de investigador:* validez 1 mes. No renovable.

    C) *Carnet de Consulta:* validez 2 días. No renovable. Sólo se podrá solicitar 2 veces por mes y se expedirá en razón de urgencia o por brevedad de la consulta.

Requisitos imprescindibles:

1. Acreditar la identidad mediante el DNI, para españoles, o documento similar para extranjeros.
2. Declarar la naturaleza y temática de los trabajos de investigación que se van a realizar.
3. Aceptar explícitamente las normas de consulta de la Biblioteca.

---

3. Para practicar

a) Elija la opción correcta:

1. El sistema financiero está
   - a) constituido
   - b) descrito
   - c) canalizado

   } por los intermediarios.

2. Las instituciones que
   - a) definen
   - b) forman
   - c) canalizan

   el ahorro son entidades financieras.

3. El Banco de España
   - a) desarrollan
   - b) asesora
   - c) lleva a cabo

   la política monetaria.

4. Los bancos
   - a) son
   - b) están
   - c) pueden

   autorizados para conceder créditos.

5. Los ahorradores buscan
   - a) seguridad, rendimiento y cantidad
   - b) precio, plazo y rendimiento
   - c) liquidez, seguridad y rendimiento

6. El Banco Central puede regular el mercado del dinero
   - a) adquiriendo y enajenando valores
   - b) pignorando
   - c) concediendo créditos

b) **Escriba el número ordinal correspondiente al cardinal que está entre paréntesis:**

1. La definición está en el _____ párrafo (3).
2. Este banco ocupa la posición _____ (21) en el país.
3. El Banco de España celebró su _____ (1) centenario en 1956.
4. En 1856 reinaba en España Isabel _____ (II)
5. En el siglo XVI tuvo mucha importancia la familia Fugger, banqueros de Carlos _____ (V).
6. La Biblioteca de este banco está en la _____ (7) planta.

c) **Complete las frases siguientes con las preposiciones por/para:**

1. ¿_____ qué sirve el Sistema Financiero?
2. El ahorro se canaliza _____ medio de instituciones.
3. Hay empresas que necesitan recursos _____ satisfacer sus necesidades.
4. Los bancos cuentan con instrumentos _____ cumplir su misión.
5. ¿_____ qué tiene que haber un Banco Central?
6. La institución está autorizada _____ conceder créditos.

d) **Busque sinónimos en el texto sobre el sistema financiero español para los términos siguientes y escriba una fase con cada uno de ellos:**

mediadores, límite, bienes, entidades, cambio, dinero, Hacienda.

e) **Ponga en el texto la puntuación, acentos y mayúsculas:**

«en general los intermediarios pueden clasificarse en dos grandes grupos bancarios y no bancarios en españa los primeros estan compuestos por el banco de españa bancos privados cajas de ahorro y cooperativas de credito el segundo grupo esta constituido por el resto de los intermediarios compañias de seguros fondos de inversion fondos de pensiones sociedades de financiacion etc a medida que aumenta la variedad de intermediarios financieros aumenta la especializacion de estos en este aspecto debe reconocerse que el sistema financiero español ha mejorado notablemente en los ultimos años»

4. Y para terminar

a) *Elija uno de los párrafos de las secciones A o B para dictárselo a su compañero.*

b) *Por parejas: completen el tema del sistema financiero español (entidades oficiales de crédito, la banca privada, las cajas de ahorro y la bolsa) y redacten un estudio comparativo, para exponerlo oralmente en clase, entre el sistema español y el de su país, o los de los países de la CEE, de acuerdo con el siguiente esquema:*

— antecedentes y desarrollo histórico
— marco legal
— Banco central
— clasificación de instituciones de crédito y ahorro

— intermediarios financieros
— otras instituciones
— mercados financieros
— Mercado de Valores

C INSTITUCIONES FINANCIERAS DE LA CEE

El Banco Europeo de Inversiones (BEI), creado por el Tratado de Roma, en 1958, es la entidad bancaria de la Comunidad. Está compuesto por los doce estados miembros de la CEE y está dotado de personalidad jurídica propia.

Su misión principal consiste en participar en la financiación de inversiones que contribuyan al desarrollo de las regiones más atrasadas, modernizar o reconvertir empresas y crear puestos de trabajo, así como fomentar proyectos de interés común a varios Estados miembros. También concede préstamos a países que han celebrado acuerdos de asociación o de cooperación con la Comunidad y, en el marco de la ayuda económica, a Polonia y Hungría y a otros países de Europa central y oriental.

El BEI es, por otra parte, accionista del Banco Europeo de Reconstrucción y Desarrollo (BERD).

Para llevar a cabo sus objetivos, el BEI dispone de recursos propios y de la captación de recursos ajenos en el mercado de capitales internacionales.

Las posibles formas de intervención son: la concesión de préstamos, u otras formas de cofinanciación, préstamos globales, garantías y la cofinanciación de estudios y asistencia técnica.

Los préstamos concedidos por el BEI son a largo plazo, variando su duración según la naturaleza de los proyectos y el período normal de amortización de los equipos que se financian. En general, los plazos suelen ser de siete a doce años, para los proyectos industriales y hasta veinte años para los de infraestructuras.

La financiación que concede el Banco Europeo de Inversiones está sujeta a la aprobación del Estado concernido y forma parte de los programas de prioridades definidos por las autoridades públicas.

1. Para leer y comprender

a) **Tome nota de los datos más importantes sobre el BEI.**

b) **Relacione los datos con el siguiente diagrama:**

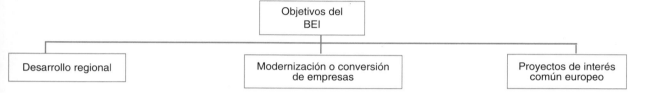

c) **Exprese de otra manera:**

— participar en la financiación de inversiones
— fomentar proyectos de interés común
— disponer de recursos propios
— captar recursos ajenos
— estar sujeto a la aprobación
— préstamos a largo plazo
— período de amortización
— proyectos de infraestructuras
— prioridades

> Fondo Europeo de Desarrollo Regional: creado en 1975 para reducir los desequilibrios regionales de la Comunidad.

> Fondo Social Europeo: creado en 1958, para apoyar la acción de formación profesional, de reciclaje de los trabajadores, así como de la contratación de jóvenes.

2. Para hablar

> Fondo Europeo de Orientación y Garantía Agraria: sirve, desde 1964, para la financiación de la política agrícola y mejora de las condiciones de producción y de comercialización de la agricultura.

a) **En grupo: formulen preguntas a sus compañeros sobre el BEI.**

b) **Usted ha oído hablar de los fondos estructurales de la Comunidad. Por parejas: pida a su compañero que le aclare la finalidad del FEDER, el FSE, el FEOGA y el FED.**

> Fondo Europeo de Desarrollo: creado en 1975, interviene en la financiación de programas de infraestructura económica de formación de cuadros y ayuda para la comercialización de productos.

3. Para practicar

a) *Complete las frases siguientes con: y/e, o/u*

1. Tienes que tomarlo _____ dejarlo.
2. Es un proyecto de Gran Bretaña _____ Irlanda.
3. El interés del préstamo no excede del 2 % en una _____ otra dirección.
4. Austria _____ Suiza mantienen una orientación hacia el SME.
5. Tiene siete_____ ocho peticiones de ayuda.
6. La propuesta es atractiva _____ interesante.

b) *Complete el texto con los términos que le proporcionamos: Sistema Monetario Europeo (SME)*

El Sistema Monetario Europeo _____ principios quedaron establecidos en julio de _____, fue aprobado _____ el Consejo Europeo de Bruselas _____ 5 de noviembre de 1978 y llevado a la práctica _____ un acuerdo de los Bancos centrales de los Estados miembros _____ la Comunidad Europea. En su mecanismo de _____ participan todas las monedas de la Comunidad, a _____ del escudo y la dracma. El _____ se basa en el principio de _____ de cambios fijos _____ ajustables. En el Tratado de la CEE se establece que los Estados miembros cooperarán _____ garantizar la convergencia de las políticas económicas _____ monetarias, teniendo _____ cuenta la experiencia adquirida en el marco del SME y _____ el desarrollo _____ ECU.

para
y
en
1978
por
del
mediante
cuyos
de
pero
SME
cambio
tipos
excepción

c) *Escriba sus propias definiciones, explicaciones o descripciones, utilizando los verbos del recuadro:*

1. Sistema financiero español.
2. Sistema bancario.
3. Sistema financiero.
4. Sistema monetario.
5. Sistema monetario europeo.
6. Banco Europeo de Inversiones.

ser, estar, tener, constar, proporcionar, estar formado, estar constituido, configurar, consistir, cumplir

d) *Basándose en el ejercicio anterior, conteste por escrito:*

1. ¿Qué es el ... ?
2. ¿Para qué sirve el ... ?
3. ¿Qué función tiene el ... ?
4. ¿Cuál es la finalidad del ... ?
5. ¿Qué misión tiene el ... ?

SME   BEI
Sistema monetario
Sistema bancario
Sistema financiero

e) **Lea el plan trifásico del Comité Delors y escriba un breve informe sobre las etapas de la Unión Económica y Monetaria de la Comunidad Europea:**

Primera etapa: Objetivo: mayor convergencia de los resultados económicos mediante
— coordinación reforzada de la política económica y monetaria en los marcos institucionales existentes
— estrecha cooperación entre los bancos centrales
— elaboración y ratificación de las modificaciones de los Tratados necesarios para el paso a las siguientes etapas

Segunda etapa: Etapa transitoria y de aprendizaje.
Introducción del sistema europeo de bancos centrales. La responsabilidad última en materia de política económica y monetaria corresponde aún a los estados miembros.

Tercera etapa: Transición hacia los tipos de cambio fijos e irrevocables. Traspaso definitivo de competencias monetarias y económicas a los órganos comunitarios.
Sustitución de las monedas nacionales por una moneda comunitaria única (con el ECU como unidad monetaria).

4. Y para terminar

a) **Escriba una carta a la Oficina de Publicaciones de las Comunidades Europeas solicitando documentación para hacer un trabajo sobre uno de los siguientes temas:**

1. El Sistema Monetario Europeo: objetivos y funcionamiento.
2. El Mercado Interior de Servicios Financieros.
3. La Unión Económica y Monetaria.

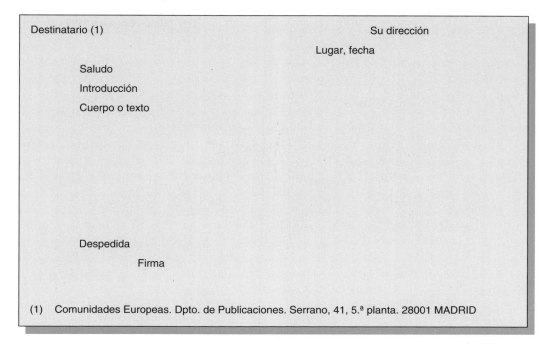

Destinatario (1)   Su dirección
                                                         Lugar, fecha

    Saludo

    Introducción

    Cuerpo o texto

    Despedida
       Firma

(1)   Comunidades Europeas. Dpto. de Publicaciones. Serrano, 41, 5.ª planta. 28001 MADRID

b) En esta sopa de letras encontrará doce siglas mencionadas en esta unidad. Después de localizarlas, desarróllelas.

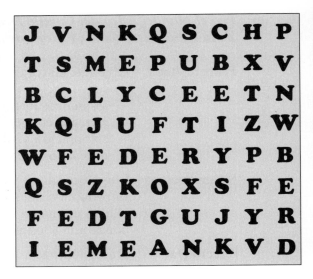

c) ¿Podría explicar este cuadro?

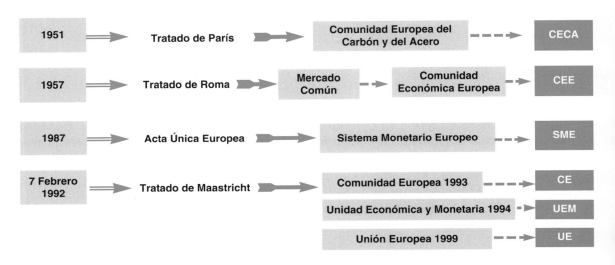

La organización bancaria

A — ESTRUCTURA LEGAL Y CLASES DE ENTIDADES

La legislación vigente establece que las entidades financieras tengan la forma legal de sociedades anónimas.

Sin embargo, diversas entidades presentan formas societarias de carácter especial —las Cajas de Ahorro y las cooperativas— o de otro tipo, como los fondos de inversión o las sociedades de garantía.

Las personas físicas y jurídicas que forman parte de la sociedad se llaman, en el caso de los bancos, accionistas; en las cooperativas se denominan socios y en los fondos de inversión partícipes.

Por lo que respecta a las entidades bancarias, en general, se clasifican teniendo en cuenta:

1. Su forma jurídica y finalidades.
2. La especialización de sus operaciones.
3. El ámbito territorial de su actuación.
4. Las características de su expansión.
5. La propiedad de los mismos.
6. La finalidad de sus operaciones de crédito.

a) bancos: unitarios
con sucursales
grupos de bancos

b) bancos: comerciales o
de depósitos
industriales o
de negocios mixtos

c)   entidades: de carácter público
de carácter semi-público
de carácter cooperativo
de carácter mercantil

d)   bancos de crédito: mobiliario
agrícola
industrial
pesquero

e)   bancos: multinacionales
nacionales
regionales
locales

f)   bancos: oficiales
nacionalizados
bancos privados

1.   Para leer y comprender

a)   Lea la clasificación de las entidades bancarias y relacione el número de las casillas con la letra correspondiente a cada grupo de clases de bancos. A continuación, compruebe su clasificación con la de sus compañeros.

b)   Señale si es verdadero (V) o falso (F):

	V	F

1.   La ley establece la estructura legal de las entidades bancarias.
2.   Todas las entidades bancarias tienen la misma forma legal.
3.   Las entidades se diferencian por su forma societaria...........
4.   La denominación de los socios varía de una entidad a otra.
5.   La denominación de banco nacional se refiere a la propiedad del mismo...

c)   Localice en el texto los términos o expresiones correspondientes a las siguientes definiciones:

1.   Sociedad formada por acciones, con responsabilidad circunscrita al capital que éstas representan.
2.   Instituciones de inversión colectiva y bajo la custodia de un depositario; se gestiona y administra por una sociedad gestora, al objeto de conseguir los mayores rendimientos para sus partícipes.
3.   Sociedades mercantiles constituidas por empresarios, con capital variable, y cuyo objeto exclusivo es prestar garantías por aval a favor de sus socios, para las operaciones que estos realicen.
4.   Dueño de una o varias acciones en una empresa.

5. El que aporta capital a una empresa, poniéndolo a ganancias o pérdidas.
6. Constituida entre productores, vendedores o consumidores, para la utilidad común de los socios.
7. Sujeto de derecho.

2. *Para hablar*

a) Formulen preguntas sobre la estructura legal y la clasificación de las entidades bancarias, utilizando: ¿Cómo se llaman? ¿En qué se diferencian? ¿Cómo se clasifican? ¿Cómo se denomina el banco que...?

b) Por parejas: anoten todas las entidades bancarias de su país que recuerden y traten de clasificarlas, de acuerdo con el ejercicio 1.a.

c) En grupo: Estudien la estadística sobre la evolución de las plantillas en el sector bancario, anoten sus conclusiones y comenten en relación con:

— aumento y reducción de plantillas;
— la presencia de la mujer en el sector bancario;
— contraste entre las distintas clases de bancos;
— incremento o disminución de empleados de la banca extranjera.

EVOLUCION DE PLANTILLAS EN EL SECTOR BANCARIO

Bancos	Varón	Mujer	1986 Total	Varón	Mujer	1987 Total
Nacionales	97.193	14.399	111.697	95.597	14.682	110.412
Industriales	8.685	1.843	10.528	7.990	1.693	9.683
Regionales	14.285	2.135	16.420	14.238	2.115	16.353
Locales	14.435	2.916	17.351	13.888	3.184	17.214
Extranjeros	2.291	1.055	3.346	2.305	1.109	3.414
Total	**136.889**	**22.348**	**159.342**	**134.018**	**22.783**	**156.986**

Bancos	Varón	Mujer	1988 Total	1989 Total (%)	1990 Total (%)
Nacionales	94.595	15.117	109.712	- 0,9785	- 0,8925
Industriales	7.255	1.680	8.935	- 7,9261	- 7,8754
Regionales	14.235	2.154	16.389	- 0,1989	- 0,0947
Locales	14.309	3.723	18.032	0,8429	1,9467
Extranjeros	2.270	1.146	3.416	1,3466	1,0629
Total	**132.664**	**23.820**	**156.484**	**- 1,0938**	**- 0,9008**

3. *Para practicar*

a) *Complete las frases con el adjetivo o pronombre posesivo conveniente:*

1. Estamos hablando de la estructura de las entidades bancarias. De _____ clasificación y de _____ formas.
2. La mujer no tiene todavía _____ puesto en la banca.
3. Nosotros tenemos _____ ahorros en un fondo de inversión.
4. ¿Me puedes decir el nombre de _____ banco para enviarte la transferencia? ¿Y el número de _____ cuenta?
5. Tengo la notificación de tu banco pero no la del _____
6. Yo te digo mis conclusiones y tú me dices las _____

b) *Transforme las frases siguientes según el ejemplo:*

Clasificamos las entidades de acuerdo con ...
Las entidades *se clasifican* de acuerdo con ...

1. *Podemos* encontrar analogías y diferencias entre los bancos y las Cajas de Ahorro.
2. Como ejemplo *citaremos* el Banco Industrial de Navarra.
3. *Hay que establecer* una distinción entre socio y partícipe.
4. ¿Cómo *llamábais* también a los bancos comerciales?
5. *Dicen* que esta entidad está creciendo rápidamente.
6. Como característica, *señalan* la ausencia de ánimo de lucro por parte de las Cajas de Ahorro.

c) *Consulte algún manual y prepare su propia definición de:*

1. Cajas de Ahorro
2. Caja de Ahorro y Monte de Piedad.
3. Sociedad cooperativa.
4. Caja rural.
5. Sociedad de Inversión Mobiliaria.
6. Factoring.

d) *Reflexione sobre la expansión de los bancos multinacionales y escriba una redacción (300 palabras):*

— ventajas fiscales
— razones comerciales
— relaciones de vecindad
— turismo con otros países
— núcleos de emigrantes originarios del país
— relaciones históricas, lingüísticas.

e) ***Escriba la nacionalidad y el país de cada uno de estos bancos:***

1. _____

2. _____

3. _____

4. _____

5. _____

6. _____

7. _____

8. _____

9. _____

10. _____

BANQUE INTERNATIONALE A LUXEMBOURG Plaza de Colón, 2. Torres de Colón, planta 16, 28046 Madrid. **(91) 308 62 00**	**1**
BAYERISCHE-HYPOTEKEN WECHSEL-BANK (HYPOBANCK) Paseo de la Castellana, 18, 28046 Madrid. **(91) 575 23 21**	**2**
BANCA NATIONALE DEL LAVORO Cedaceros, 10, 28014 Madrid. **(91) 429 50 68**	**3**
THE BANK OF TOKIO LIMITED José Ortega y Gasset, 29, 28006 Madrid. **(91) 435 25 36**	**4**
MAROCAINE DU COMMERCE EXTERIEUR Diego de León, 31, 4.º A, 28006 Madrid. **(91) 563 41 80**	**5**
NATIONAL WESTMINSTER BANK, P. L. C. Príncipe de Vergara, 125, 3.º, 28002 Madrid. **(91) 321 71 00**	**6**
BANCO SAUDI ESPAÑOL Paseo de la Castellana, 40, 28046 Madrid. **(91) 435 55 40**	**7**
SOCIETÉ DE BANQUE SUISSE Paseo de la Castellana, 31, 2.º, 28046 Madrid. **(91) 308 58 22**	**8**
SOCIETE LYONNAISE DE BANQUE Avenida Diagonal, 618, 4.º A y B, 08021 Barcelona. **(93) 209 28 99**	**9**
BANCO PORTUGUES DO ATLANTICO Paseo de la Castellana, 50, 28046 Madrid. **(91) 563 01 26**	**10**

Central Hispano

4.   Y para terminar

a)   Imagen corporativa

La identificación corporativa es muy importante y las instituciones bancarias cuidan especialmente el diseño de sus logotipos, de sus símbolos. Por ejemplo, después de la fusión de los bancos Central e Hispano se presentó el nuevo anagrama que simboliza la unidad hacia el futuro, representado por doce elementos que se unen en un eje sólido y se proyectan hacia el futuro. Para la elección de los colores se ha buscado un elemento diferenciador: el color violeta, que refleja el prestigio, experiencia y seguridad, combinado con el amarillo que es un color vital, tonificante y símbolo de riqueza, adecuado para una entidad bancaria.

Comente con sus compañeros estos logotipos y diga lo que le sugiere cada uno.

b) **Por parejas: Diseñen un logotipo para un banco y hagan una lista de los objetos promocionales que encargarían para regalar a sus clientes.**

Recuerden las sensaciones que provocan los colores y las asociaciones o connotaciones de determinados símbolos:

Negro: pesadez, tristeza, simboliza la muerte.
Blanco: expresión máxima de luz. Sensación de amplitud e inmensidad. Simboliza la pureza.
Naranja: refleja entusiasmo, ímpetu. No es conveniente para grandes superficies.
Amarillo: luz y vida. Simboliza la riqueza y el poder.
Verde: equilibrio. Produce reposo y simboliza la naturaleza.
Azul: simboliza la inteligencia, lo infinito, la sabiduría. Produce serenidad.
Violeta: simboliza martirio, aflicción. Color del prestigio.
Rojo: realeza y suntuosidad. Produce emoción.

B ORGANIZACION DE LA EMPRESA BANCARIA

VISITA A UN BANCO

Juan Peña: Buenos días, señorita.
                  ¿Podría avisar al Departamento de Relaciones Públicas que está aquí el grupo de alumnos de la Universidad Autónoma para visitar el banco?
Recepcionista: Un momento, por favor.
                  ¿Me dice su nombre?
Juan Peña: Sí. Soy Juan Peña.
Recepcionista: Ahora mismo le atienden.
Juan Peña: Muchas gracias.

Paloma Lorca: ¡Hola! Buenos días.

Me llamo Paloma Lorca y tengo el gusto de darles la bienvenida, en nombre del banco. Acompáñenme, por favor.

En primer lugar, permítanme que les hable de la estructura organizativa del banco y, luego, pueden hacerme preguntas. Los bancos, al igual que otras empresas, siguen uno de los dos modelos de organización: funcional o divisional. Ahora bien, los grandes bancos suelen caracterizarse por una gran dispersión territorial y esta circunstancia exige una estructura divisional geográfica, como pueden ver en la pantalla:

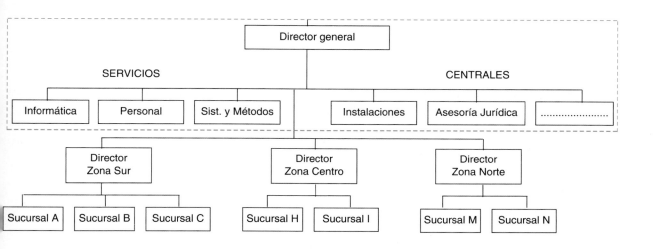

Otros bancos locales o de poca expansión territorial, suelen tener una organización de tipo funcional que responde a este otro organigrama:

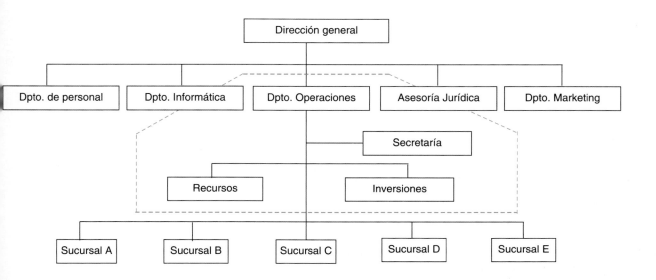

Nuestro banco responde a un modelo de organización de carácter mixto: por funciones y divisiones geográficas.

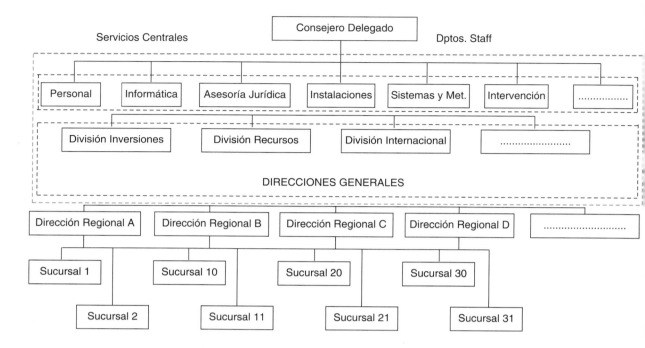

¿Desean preguntar algo?

Estudiante: ¿Cuántos departamentos hay?

Paloma Lorca: Cada entidad bancaria tiene distintos «núcleos organizativos» con funciones y denominaciones diversas pero, generalizando, podemos decir que hay dos tipos: departamentos o servicios centrales y departamentos operacionales y administrativos.

Para que no tengan que tomar apuntes, voy a repartirles unas hojas con el organigrama, los departamentos y otros datos de interés.

Ahora, vamos a comenzar la visita. Síganme, por favor.

Aquí, en la primera planta está la Biblioteca y Centro de Documentación. Después, visitaremos el Centro de Cálculo y, a continuación...

1. Para leer y comprender

a) Tome nota de las expresiones utilizadas para:

— saludar y presentarse
— fórmulas de cortesía
— describir una organización
— enumerar fases

b) *Compare los tres tipos de organización bancaria y anote las razones que se dan para estas diferencias.*

c) *¿Qué tipo de presentación se ha utilizado?: oral, audiovisual, por escrito, teleconferencia, etc.*

2. *Para hablar*

a) *Comente con sus compañeros la impresión que le ha producido la presentación del banco:*

Divulgativa, técnica, profesional, simpática, breve, aburrida, interesante, formal, informal, etc.

b) *Por parejas: Estudien la distribución por departamentos de una entidad bancaria y reflexionen acerca de las funciones, responsabilidades y relaciones entre los mismos:*

Departamentos centrales:

Secretaría General.
Dirección de Sucursales.
Intervención General.
Contabilidad General.
Inspección de Sucursales.
Asesoría Jurídica.
Personal.
Organización.
Material y Archivo General.
Inmuebles y Mobiliario.
Extranjero.
Estudios Económicos y Financieros.

Departamentos operacionales y administrativos.

operacional: cuentas corrientes; giros y transferencias; cartera; créditos; valores; extranjero.

administrativo: caja; intervención y contabilidad; correspondiencia; informes.

c) *En grupo: preparen la presentación de una entidad bancaria. Para ello pueden utilizar un organigrama, gráficos, material audiovisual, etc.*

Recuerden: presentación personal
introducir el tema/entidad
razones y justificaciones
aclaraciones
conclusión y despedida

3. *Para practicar*

a) *Transforme las frases, según el ejemplo:*

¿Le ayudo? Ayúdeme

1. ¿Escribo el informe?
2. ¿Acompaño a la señorita?
3. ¿Estudio estos organigramas?
4. ¿Puedo hacerle una pregunta?
5. ¿Reparto las hojas?
6. ¿Les resumo los datos?

b) *Termine las frases siguientes con la forma correcta del verbo que está entre paréntesis:*

1. Les ruego que me _____ (*seguir*).
2. Permítame que le _____ por su presentación (*felicitar*).
3. ¿Desean que nos _____ más tarde? (*reunirse*).
4. Espero que esta visita _____ de su agrado (*ser*).
5. No queremos que ustedes _____ (*molestarse*).
6. Confiamos en que _____ ustedes dispuestos a trabajar (*estar*).

c) *¿Cómo solicitaría información, un favor, una explicación o aclaración, en estas situaciones?*

1. Desea realizar una visita profesional a una empresa.
2. No entiende el número de teléfono que le dan.
3. En una reunión una persona habla muy rápido.
4. La información que le han dado es confusa.
5. Está hablando por teléfono y hay interferencias.
6. No sabe cómo ir a un sitio.

d) *Complete el cuadro siguiente:*

	Presente de indicativo	Presente de Subjuntivo
1. yo/llamar	_____	_____
2. vosotros/responder	_____	_____
3. ellos/exigir	_____	_____
4. tú/poder	_____	_____
5. ella/organizar	_____	_____
6. él/agradar	_____	_____

e) *Redacte un breve informe sobre la «visita al banco», siguiendo este orden:*

Ante todo _____, en primer lugar _____, después _____, a continuación, Por lo que se refiere a _____, y también _____, finalmente _____ , por último.

4. Y para terminar

a) Relacione los departamentos con las funciones:

Departamentos

1. Secretaría General
2. Dirección Sucursales
3. Inspección Sucursales
4. Asesoría Jurídica
5. Personal
6. Extranjero
7. Estudios económicos
8. Inmuebles y Mobiliario

Funciones

a) confección nóminas, proponer ascensos de los emplea- dos
b) análisis de balances, confección de boletines e infor- mación técnica
c) alquileres y obras
d) convocatoria de Juntas, relaciones con los organismos oficiales, memorias
e) recibir solicitudes de las sucursales
f) cambio, cartera, giros
g) analizar documentos de las sucursales
h) resolver litigios, bastanteos y embargos

b) A continuación, traduzca a su idioma las funciones que realiza cada uno de esos departamentos.

C | APERTURA DE UNA NUEVA OFICINA, AGENCIA O SUCURSAL

A Distribución en planta

C Proceso de selección del sitio

B Compra y acondicionamiento del local

D Dotación de mobiliario y material

I

1.º Un comité de dirección estudiará el número de oficinas que se van a abrir durante el ejercicio.

2.º El comité encargará a los directores de cada zona que estudien los emplazamientos más convenientes.

3.º El estudio de la zona tendrá en cuenta diversos factores: densidad de población y tasa de crecimiento, clientela potencial y capacidad eco- nómica, proximidad de oficinas propias o de otras entidades, coste por metro cuadrado, etc.

4.º La selección del sitio se hará en relación con la disponibilidad y coste de la propiedad.

5.º La compra del local se gestionará o bien directamente o a través de gestores dedicados a esta labor, teniendo en cuenta la posible revalo- rización del local.

6.º El local, preferentemente una esquina, deberá tener como mínimo 150 metros cuadrados en planta y otros tantos en sótano.

7.º Se evaluará la arquitectura del edificio en el que está situado el local y se encargará un proyecto sobre las necesidades de acondicionamiento.

1.º Se formalizará la escritura de compra-venta.
2.º Se hará la inscripción en el Registro de la Propiedad Inmobiliaria.
3.º Se dará de alta en la Contribución Territorial Urbana.
4.º Se solicitará la correspondiente Licencia de Obras en el Ayuntamiento.

II

La distribución en planta está afectada por los procesos, equipos y materiales que se van a instalar, el espacio disponible y la forma del espacio (rectangular, cuadrado, etc.), así como la flexibilidad para cambiar la distribución con el tiempo y la previsión de un espacio adicional.

III

Los requisitos imprescindibles serán lograr un buen ambiente para los empleados: buena luz y temperatura, bajo nivel de ruidos, buen esquema de color y limpieza. Así como la comodidad para los clientes y una apariencia atractiva.

En la planta superior estará ubicado el despacho del director y las mesas comerciales destinadas a las distintas operaciones de la oficina y el área blindada para las operaciones de caja, con dispositivo de apertura retardada, máquinas dispensadoras de billetes y monedas, etc.

En el exterior se instalará el área para el cajero automático.

El sótano se destinará a archivo y en él se instalarán los servicios para el personal y el cuarto de los útiles de limpieza.

El Departamento de Intendencia, o de Inmuebles y Mobiliario, se encargará del mobiliario y de la dotación de material a las oficinas de nueva apertura.

IV

1. Para leer y comprender

a) Lea atentamente el esquema de apertura de una sucursal:

1. Formule hipótesis sobre la información que puede contener cada uno de los encabezamientos A, B, C, D.
2. Ponga a cada párrafo el encabezamiento correspondiente. Para ello puede utilizar:
El primero (I), el segundo (II), el tercero (III) y el cuarto (IV).

b) Tome notas para recordar:

1. el orden de las decisiones que se deberán tomar para abrir una oficina
2. los criterios para la selección del sitio

3. las condiciones que deberá satisfacer el local
4. las formalidades legales
5. los objetivos de la distribución

c) **Consulte en un diccionario los términos o expresiones siguientes y elija su significado en este contexto:**

— ejercicio
— local
— escritura
— ergonomía
— esquema de color
— mesas comerciales

— blindado
— apertura retardada
— máquina dispendadora
— cajero automático
— útiles de limpieza
— intendencia

2. *Para hablar*

a) **Exponga oralmente su informe, a partir de las notas que ha tomado en el ejercicio 1.b.**

b) **Por parejas: preparen una conversación telefónica solicitando detalles sobre distintos locales. Recuerde:**

— ubicación
— situación exacta
— arquitectura
— instalaciones
— coste por metro cuadrado

> **CHAMARTIN,** local 380 metros cuadrados, 115 millones, posible uso oficina. Llamar lunes a viernes. De 9 a 3 horas. 663 01 05.
> **BRAVO MURILLO,** local 300 metros cuadrados, 60 millones, 663 01 05. Llamar lunes a viernes. De 9 a 3 horas.
> **NUÑEZ DE BALBOA,** 605 metros cuadrados. Para banco, oficina o similar. Nueve metros fachada. 359 93 20.
> **GARAJE,** mediana, 1.800.000.

c) **En grupo: comenten los tipos de disposición operativa en planta, según el flujo de trabajo y decidan cuál es la distribución más conveniente para su oficina bancaria:**

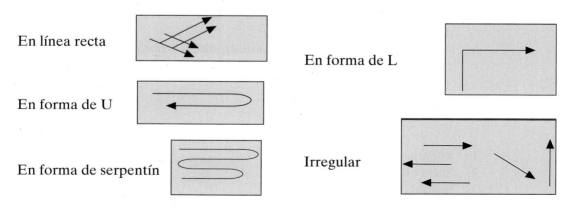

En línea recta

En forma de U

En forma de serpentín

En forma de L

Irregular

3. *Para practicar*

a) *Dé soluciones, por escrito, a estos problemas.*

Ejemplo: *No tiene sótano*
Habrá que
Tendremos que   } *buscar otro local*
Encárguese de

1. No hay protección contra incendios.
2. La caja fuerte es muy pequeña.
3. El cajero automático no funciona.
4. Han roto las lunas de la fachada.
5. El luminoso de la entrada está apagado.
6. Los clientes tropiezan con la decoración floral al entrar.

b) *Formulen las preguntas correspondientes a las siguientes cuestiones, utilizando:*

cómo, dónde, por qué, cuánto, cuántos, cuándo.

1. No podrán empezar las obras hasta que les den la Licencia correspondiente.
2. El local tiene 350 metros cuadrados y su precio, al contado, es de setenta y cinco millones.
3. No vamos a quedarnos con el local porque el edificio es muy antiguo. Por imagen y prestigio.
4. En la esquina de Goya con Príncipe de Vergara.
5. Habrá que inaugurar dos sucursales más.
6. La distribución que han adoptado es la de flujos conducidos. Semejante a la utilizada en los grandes almacenes.

c) *Exprese de otra manera las medidas y cantidades:*

1. ¿Cuándo mide de largo? Tres metros cuadrados.
2. Tiene nueve metros de fachada y, el sótano, ciento ochenta de largo, noventa de ancho y tres de alto.
3. El local cuesta 35.000.000 y las obras supondrán otros 10.000.000.
4. Pagarán con dos talones bancarios. Uno de veinte millones y otro de quince.
5. La comisión de la inmobiliaria será del siete por ciento. Unos tres millones aproximadamente.
6. A la derecha hay una columna de cuarenta y dos centímetros y a la izquierda un pilar de noventa y dos.

d) *Complete el cuadro siguiente:*

	Presente	*Futuro*
1. Solíamos estudiar	_____	_____
2. Solía encargar	_____	_____
3. Solíais distribuir	_____	_____

4. Solían hacer ....
5. Solían evaluar ....
6. Solía inscribir ....
7. Solían dar de alta ....
8. Solían blindar ....

e) **Relacionen las expresiones de las dos columnas:**

A

1. emplazamiento más conveniente
2. cliente potencial
3. protección contra incendios
4. dotación
5. licencia de obras
6. archivo
7. útiles de limpieza
8. blindado

B

a) permiso de construción o acondicionamiento
b) depósito de documentos
c) escobas, bayetas, etc.
d) protegido contra balas, fuego
e) extintores
f) ubicación idónea
g) provisión de material
h) posibles usuarios

4. Y para terminar

a) **Por parejas: Completen los datos de la Solicitud de Licencia de Obras.**

DOCUMENTO B-5
Solicitud de la licencia de obras

Ayuntamiento de Madrid

LICENCIA

INSTANCIA N

EXCELENTISIMO SEÑOR ALCALDE PRESIDENTE:

El que sucribe, cuyos datos personales consigna SOLI-CITA DE V.E. le sea concedida la correspondiente licencia en las condiciones establecidas.
Firma del solicitante

Madrid a   de   de

SOLICITANTE
NOMBRE/RAZON SOCIAL
APELLIDOS
DOMICILIO (Calle, Plaza, etc.) Número y Planta
MUNICIPIO
D.N.I./C.I.F.
DISTRITO POSTAL   PROVINCIA
EN REPRESENTACION DE   TELEFONOS
NOMBRE/RAZON SOCIAL
APELLIDOS
DOMICILIO (Calle, Plaza, etc.) Número y Planta
MUNICIPIO
D.N.I./C.I.F.
DISTRITO POSTAL   PROVINCIA
DATOS PARA ENVIO DE NOTIFICACIONES   TELEFONOS
NOMBRE/RAZON SOCIAL
APELLIDOS
DOMICILIO (Calle, Plaza, etc.) Número y Planta
MUNICIPIO
D.N.I./C.I.F.
DISTRITO POSTAL   PROVINCIA
SOLICITA LICENCIA PARA   TELEFONOS
OBRAS   ACTIVIDADES   INSTALACIONES
SOLICITA AYUDA A LA REHABILITACION   CONJUNTA DE OBRAS Y ACTIVIDADES E INSTALACIONES   OTRA
CALLE, PLAZA, etc. NUMERO Y PLANTA
CONSISTENTE EN
          D. MUN   BARRIO
USO Y ACTIVIDAD ACTUAL   C.N.A.E.
USO Y ACTIVIDAD SOLICITADA   C.N.A.E.

LOCALIZADOR URBANISTICO   EXPEDIENTE
AREA
CODIGO
MANZANA
LOCALIZADOR POSTAL
EDIFICIO
C
PRIM
ORDENACION
P.G.
P.A.U.
P.P.
E.D.
ORDENANZA
E.C.
GESTION
S.A.
P.P.   CESION
P.P.
EJECUCION
P.P.
SERV.
AR   A
S   E
INFORMACION
S. TECNICOS   ACTIV
C.N
I. PUBLICA
SI   NO   USO
INFORMACION PUBLICA
DILIGENCIA: Para hacer constar que si presente expediente, ha es
PUBLICA, durante quince dias naturales.
Desde el   hasta el
El funcionario.
REGISTRO
Nº DE REGISTRO:

ZONA GRIS A RELLENAR POR LA ADMINISTRACION

b) *En grupo: Organización de una sucursal bancaria.*

1. Diseñen la distribución de la oficina.
   — despacho del Director
   — área de operaciones
   — mesas comerciales
   — cajas
   — armarios y archivadores
   — plantas decorativas
   — cajero automático
   — archivo
   — cuarto de limpieza
   — servicios de señoras y
     de caballeros

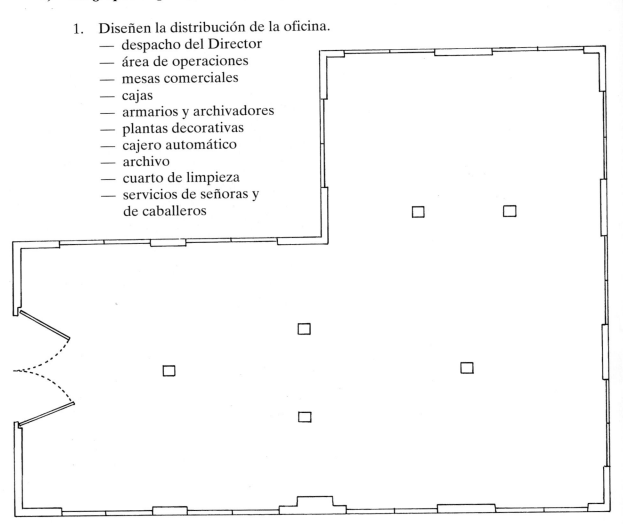

2. Anoten el material imprescindible que precisan y den una definición de cada uno de los objetos:

	Modelo	Cantidad
— archivador A2, palanca folio	E-01-6	
— lámpara de verificación firmas....................	E-01-3	
— bandeja para monedas.............................	E-001-12	
— bolígrafo negro	E-0015	
— bolígrafo rojo..	E-0016	
— carpetas plástico transparente	E-0047-5	
— clips	E-0080-0	
— grapas..	E-0081-0	
— fichero cartón pequeño............................	E-0090-5	
— tampón, n.º 1 violeta..............................	E-0001-3	
— ambientador...	E-282-5	
— máquina escribir electrónica		
— máquina de calcular............................		
— máquina de contar billetes		

3

Selección de personal

BANCO NACIONAL
en pleno plan de expansión
PRECISA
para sus nuevas oficinas de Lugo, Orense y Santiago de Compostela

DIRECTORES

Serán responsables, a nivel de Oficina, de las funciones Comerciales y de Riesgos, así como también del Equipo Humano, desarrollando su actividad en base a objetivos de negocio previamente fijados, promocionando para su consecución todo tipo de Productos, tanto de Activo como de Pasivo.

BUSCAMOS:
Profesionales, entre 30 y 40 años, que tengan experiencia en la gestión comercial bancaria.
• Capacidad para tomar decisiones y asumir responsabilidades.
• Aptitudes para el trabajo en equipo.
• Dotes para dirigir y motivar.

OFRECEMOS:
• Posibilidad para desarrollar una interesante carrrera profesional.
• Nivel de retribuciones claramente competitivo, pudiéndose contemplar cualquier tipo de posibilidades.

El proceso de selección se realizará de manera individualizada y con absoluta confidencialidad, por lo que aquellos interesados deberán remitir fotografía de tamaño carnet y curriculum vitae detallado a ADDING Publicidad, Avda. de Brasil, 42 - 28020 Madrid, indicando en el sobre la referencia D.B.N. y la plaza de su preferencia.

1

BANCO NACIONAL
PARA ACCION COMERCIAL DE PRODUCTOS FINANCIEROS
precisa

UNIVERSITARIOS
(TODA ESPAÑA)

Buscamos personas jóvenes (22/30 años), con buena formación académica y:
• Grandes ambiciones profesionales y afán de superación.
• Excelente presencia.
• Personalidad dinámica y activa para la función comercial al más alto nivel.
• Disponibilidad total (Horario mañana y tarde).

Ofrecemos incorporación inmediata con:
• Sueldo fijo + incentivos (130.000 pts/mes aproximadamente. Superables).
• Contrato temporal en régimen general de la Seguridad Social.
• Formación a cargo del banco.

Interesados llamar de 9 a 19 horas (inclusive festivos) a los teléfonos de Madrid (91) 733 73 43 y 733 78 98 -Referencia Universitarios-. Rogamos insistencia ante la acumulación de llamadas.
La empresa responsable de la selección es:

ARCO-500 INTERNACIONAL
Marketing/Recursos Humanos
Agustín de Foxá, 25 - 6°
28036 MADRID

2

EL BANCO EUROPEO DE INVERSIONES

es la institución bancaria de la Comunidad Europea para la financiación a largo plazo de proyectos en los Estados Miembros de la CEE
y en numerosos países del Este de Europa, la Cuenca Mediterránea,
África, el Caribe y el Pacífico.

El Banco busca para Luxemburgo o Roma:

Responsables de la Financiación de Proyectos dentro de la Comunidad

(edad no superior a 40 años) (m/h)

Funciones: valoración y coordinación de la instrucción y negociación de financiaciones con
respecto a proyectos de inversión en todos los sectores y países de la Comunidad.

Cualificaciones: formación universitaria o equivalente a nivel de licenciatura o doctorado;
experiencia de 3 años como mínimo en valoración financiera y técnicas bancarias (principalmente préstamos a medio y largo plazo), adquirida en un banco o institución financiera;
aptitud para el análisis financiero y la negociación de alto nivel.

Idiomas: para desempeñar este puesto es indispensable dominar dos idiomas de la
Comunidad, entre ellos el francés o el inglés.

El BEI ofrece una retribución interesante con excelentes condiciones de trabajo y numerosas
ventajas de orden social, siempre dentro de una política de igualdad de oportunidades.

Las personas interesadas que posean la nacionalidad de uno de los Estados Miembros de la
Comunidad deberán remitir su curriculum vitae junto con una fotografía a la siguiente
dirección:

BANCO EUROPEO DE INVERSIONES,
Director del Departamento de Personal (Ref. PM 9103),
100, boulevard Konrad Adenauer,
L-2950 LUXEMBURGO. FAX: 4379 3356.

Las candidaturas serán tratadas de forma estrictamente confidencial.

③

ADMINISTRATIVOS

PARA BANCO DE ÁMBITO NACIONAL, EN SUS OFICINAS DE MADRID Y PROVINCIA

Se requiere:
✓ Formación de grado medio o superior.
✓ Buen expediente académico.
✓ Imprescindible buen nivel de inglés.
✓ Conocimientos de informática.
✓ Libre del servicio militar y edad no superior a
27 años.

Se ofrece:
✓ Ingresos del orden de 2.000.000 de pesetas
anuales.
✓ Posibilidad de promoción.

LAS PRUEBAS DE SELECCIÓN SE EFECTUARÁN
EN MADRID

Interesados, enviar urgentemente "curriculum",
con fotocopia del expediente académico y fotografía reciente, al apartado de Correos 53.021,
28080 Madrid, indicando la referencia "Madrid".

④

---

1.   *Para leer y comprender*

a)   *Tome nota y conteste:*

1.   ¿Cómo se describen los bancos o entidades?
2.   ¿Cómo se denominan los puestos de trabajo?
3.   ¿Dónde están ubicados?
4.   ¿Qué se hace en cada uno de ellos?
5.   ¿Que se ofrece?
6.   ¿Cuáles son las condiciones económicas?
7.   ¿Hay que tener experiencia?
8.   ¿Qué idiomas se precisan y a qué nivel?

b)   *Escriba las expresiones que indican:*

Anuncio Número	①	②	③	④
Funciones				
Tipo de entidad				
Cualidades personales de los candidatos				
Formación profesional				
Condiciones de trabajo				
Sueldo				

c) **Explique o defina:**

Anuncio 1:   plan de expansión
gestión comercial
nivel de retribución competitiva

Anuncio 2:   afán de superación
sueldo fijo + incentivos
rogamos insistencia ante la acumulación de llamadas

Anuncio 3:   a largo plazo
retribución interesante
candidaturas tratadas de forma confidencial

Anuncio 4:   expediente académico
libre del servicio militar
ingresos del orden de 2.000.000

2. *Para hablar*

a) **Resuma oralmente:**

	Se busca	Se requiere	Se precisa	Se selecciona
En el anuncio 1				
En el anuncio 2				
En el anuncio 3				
En el anuncio 4				

b) **Por parejas: cada alumno selecciona uno de los anuncios y explica las razones de su elección: características del puesto, formación profesional, ambiciones, etc.**

c) **En grupos: comparen las técnicas de los anuncios de ofertas de trabajo, de acuerdo con el siguiente esquema:**

Imagen: — tamaño suficiente
— encabezamiento atractivo
— identificación

Contenido: — estilo acorde al puesto y perfil del destinatario
— redacción clara
— destaca lo positivo
— indica requisitos imprescindibles
— oferta económica clara

3. Para practicar

a) Complete las frases siguientes con un artículo, si es necesario:

1. Se requiere _____ clara vocación comercial.
2. Se ofrece _____ incorporación inmediata.
3. Dependiendo de _____ Dirección General.
4. Se responsabilizará de _____ equipo comercial.
5. Es imprescindible _____ titulación universitaria.
6. Se garantiza a todos _____ candidatos confidencialidad absoluta.

b) Complete las frases siguientes con la forma correcta de los verbos:

requerir, ofrece, garantizar, buscar, rogar, desear.

Ejemplo: *Para este puesto se requiere tener dotes de mando.*

1. Importante entidad financiera _____ cubrir los puestos siguientes.
2. _____ Titulados Superiores con experiencia.
3. La empresa _____ la máxima confidencialidad.
4. _____ tener conocimientos de productos financieros.
5. En el anuncio 1 _____ remuneración competitiva.
6. _____ a los interesados que envíen su *currículum.*

c) Relacione las expresiones de las dos columnas:

A

1. idioma
2. retribución
3. *curriculum vitae*
4. proceso de selección
5. formación universitaria
6. dotes para dirigir y motivar
7. entre 30 y 40 años
8. referencia

B

a) C.V.
b) pruebas de selección
c) lengua
d) ref.
e) capacidad de liderazgo
f) no superar los 40 años
g) titulación superior
h) ingresos

d) Complete el cuadro siguiente:

Nombre	Verbo	Adjetivo	Adverbio
	ofrecer		
	precisar		
	rogar		
	buscar		
	necesitar		
	requerir		
	garantizar		

e) **Complete el anuncio con las palabras que le damos:**

sucursales
comerciales
remuneraciones
historial profesional
implantación
candidatos
puestos
experiencia

4. *Y para terminar*

a) **Redacte un anuncio de trabajo de acuerdo con el siguiente guión de análisis del puesto:**

- denominación del puesto
- área o departamento
- ubicación territorial
- dependencia y responsabilidades
- ambiente de trabajo
- dedicación (horario, vacaciones, etc.)

- catalogación profesional
- evolución de la empresa/puesto
- sistema retributivo (sueldo, incentivos, gratificaciones)
- sistema de integración en la empresa
- otros detalles

Entidad bancaria inernacional con fuerte y antigua _____ en España, desea seleccionar para su organización en ANDALUCIA, diversos _____ de:

DIRECTORES Y SUBDIRECTORES DE OFICINA

En todos los puestos la formación bancaria y el conocimiento de la plaza son imprescindibles, así como unas actitudes decididamente _____ y de servicio al cliente. La _____ será, en todos los casos, de al menos 4 ó 5 años.

Ofrecemos unas _____ competitivas y un futuro profesional sólido y brillante, en un Banco de primera fila. Los _____ seleccionados desempeñarán su función en alguna de nuestras _____ en CADIZ, CORDOBA, GRANADA, HUELVA y MALAGA.

Rogamos a los interesados remitan su _____ **indicando el puesto y la plaza deseada,** así como dirección y teléfono de contacto a: **SIRCA ESPAÑA,** Gran Vía, 9. 1.º-A. 28013 MADRID.

b) **Por parejas: cada alumno explica a su compañero las características de su anuncio, sin decir el título y éste deberá averiguarlo haciendo preguntas.**

BANCOMAPFRE

Empresa perteneciente al Sistema Mapfre, en pleno plan de expansión, precisa para sus oficinas de: MADRID (capital y provincia), GALICIA (Carballo, Santiago, Orense y Vigo), EXTREMADURA (Badajoz, Cáceres y Don Benito), ANDALUCIA (Córdoba y Cádiz), TALAVERA DE LA REINA y PALMA DE MALLORCA:

DIRECTORES
(Ref. Director)

- Buscamos una persona entre 30 y 40 años de edad.
- Con gran experiencia en el sector y al menos 3 años en un puesto similar.
- Conocedor de la plaza e ilusionado por integrarse en un ambicioso y sólido proyecto para participar en su desarrollo junto a un equipo directivo joven y dinámico.

COMERCIALES SENIOR
(Ref. C. Senior)

- La experiencia mínima requerida para este puesto es de 3 años en la comercialización de productos financieros.
- Los candidatos o candidatas a ocupar este puesto deberán tener una edad comprendida entre los 25 y 35 años.
- Su misión será la captación y mantenimiento de clientes, tanto de activo como de pasivo. Debiendo estar en situación de optar a un puesto de dirección en un plazo breve.

APODERADOS
(Ref. Apoderado)

- Dependiendo del Director de Oficina se responsabilizará de las tareas técnico-operativas, calidad de servicio, atención al cliente, gestión de personal, organización interna,...
- Con edad comprendida entre 25 y 35 años y experiencia demostrable en el área de intervención bancaria.
- Se exigen dotes para la relación y el trato con el público, conocimiento de informática a nivel de usuario y ambición por integrarse en una sólida entidad en expansión.

COMERCIALES JUNIOR
(Ref. C. Junior)

- Con formación universitaria y edad no superior a los 30 años.
- Deseamos recibir candidaturas de hombres y mujeres interesados en desarrollar su carrera profesional en banca, en el área comercial.

--- Para estos puestos se contempla: ---

- Periodo de adaptación previo y formación continuada por parte de la Empresa.
- Retribución negociable en base a la valía de los candidatos.
- Participación en ventajas sociales.
- Proceso de selección absolutamente confidencial.

Los interesados deberán enviar un Curriculum Vitae y fotografía, antes del día 4 de octubre, a:

BANCO MAPFRE (Departamento de Personal)   P.º de Recoletos, 29 - 28004 Madrid

haciendo constar en el sobre la referencia del puesto al que se opta y la plaza.

A

Palma de Mallorca, 23 de septiembre

BANCO MAPFRE
(Dpto. de Personal)
P.º de Recoletos, 29
28004 MADRID

Muy señores míos:

Tengo el gusto de dirigirme a ustedes en relación con el anuncio publicado en la prensa ofreciendo el puesto de Apoderado.

Les agradecería que tuvieran en consideración mi solicitud para dicho puesto, ya que tengo experiencia en el área de intervención bancaria y creo reunir los requisitos de la convocatoria.

Debido a que tengo mi residencia en Palma de Mallorca, me interesaría el puesto en esta ciudad.

Les adjunto mi currículum y una fotografía reciente.

En espera de sus noticias, les saluda atentamente,

Joan Calvet

B

BANCO MAPFRE
(Dpto. de Personal)
P.º de Recoletos, 29
28004 MADRID

Orense, 25 de septiembre

(Ref. C. Junior)

Estimados señores:

He leído su anuncio en la prensa en el que solicitan candidatos para cubrir el puesto de Comercial Senior en Orense.

Les ofrezco mis servicios, dado que creo reunir los requisitos mencionados por ustedes.

En la actualidad tengo 33 años y cuento con experiencia en un puesto similar, en otra entidad bancaria de esta Comunidad, así como con otras cualificaciones, como podrán comprobar en el currículum vitae que les adjunto.

Tendré mucho gusto en proporcionarles información más detallada, si ustedes lo consideran necesario.

En espera de sus noticias, les saluda atentamente,

Anexos: C.V. y fotografía reciente.

Dora Ferreiro

1. Para leer y comprender

a) **Lea atentamente los anuncios y las cartas y decida a qué puesto de trabajo corresponde cada una de ellas.**

b) **Señale si es verdadero (V) o falso (F).**

Leyendo los anuncios sabemos que:

	V	F
1. Los puestos son para distintas Comunidades Autónomas.....		
2. No se precisa una edad límite.................................		
3. La remuneración dependerá del perfil del candidato.		
4. Se puede elegir la población donde se desea el puesto.........		
5. Se exige título universitario en los cuatro casos.....................		
6. En los cuatro puestos de trabajo, el candidato puede ser hombre o mujer................................		
7. No se precisa experiencia.................................		

c) **Indique si estos requisitos corresponden a cualidades personales o profesionales:**

— entre 30 y 40 años
— experiencia en puesto similar
— conocedor de la plaza
— ambición por integrarse en una entidad

— conocimiento de informática
— dotes de relacion
— ilusionado por integrarse en un proyecto
— en situación de optar a un puesto de dirección

43

2. Para hablar

a) Estudie las cartas A y B y señale el número correspondiente a cada una de sus partes. A continuación, compruebe los elementos que faltan y comente con sus compañeros la impresión que les producen los candidatos, de acuerdo con sus escritos.

1. destinatario
2. dirección interior
3. referencia
4. fecha

5. saludo
6. despedida
7. firma
8. documentos incluídos

b) Por parejas: formulen preguntas sobre los anuncios y las cartas.

c) Usted va a acudir a una entrevista de trabajo. Complete la ficha y, a continuación, formule preguntas a sus compañeros (practicando con: me, te, se, nos, etc.).

- ¿Quién los ofrece? (entidad y nombre del entrevistador).
- ¿Qué ofrecen? (categoría del puesto).
- ¿Cuándo? (hora de la entrevista y fecha).
- ¿Cómo? (medio por el que se ha enterado de este trabajo, medio por el que le han comunicado la entrevista, medio de transporte en el que va a desplazarse).
- ¿Por qué? (interés en el trabajo).
- ¿Dónde? (dirección de la entidad, ciudad).
- ¿Para qué (objetivo personal).

3. Para practicar

a) Complete las frases con la forma correcta de los verbos Ser y Estar:

1. Las solicitudes _____ en el sobre, pero las fotografías no.
2. Ese _____ un medio de promocionarse.
3. El Departamento de Personal _____ antes aquí pero ahora _____ en la Gran Vía.
4. El entrevistador _____ muy serio pero yo _____ tranquilo todo el rato.
5. Ayer los candidatos _____ todos mayores que yo.
6. Mañana _____ la entrevista individual y el martes los candidatos _____ entrevistados en grupo.

b) Conteste a las siguientes preguntas, utilizando pronombres:

Ejemplo: ¿Le han escrito del banco?
Sí, me han escrito
No. No me han escrito

1. ¿Te han dado el puesto que solicitaste?
2. ¿Cuándo le han citado? (a él)
3. ¿Cuánto te van a pagar?
4. ¿Cuántas personas les han entrevistado? (a ustedes)
5. ¿Entregaron la documentación en Personal?
6. ¿No te han pedido la dirección?
7. ¿Nos contestarán?
8. ¿Se lo has comentado al entrevistador?

c) **Complete el texto con los artículos que faltan:**

« _____ currículum es _____ carta de presentación de uno mismo ante quien nos ofrece _____ trabajo. Por lo tanto, habrá que cuidar al máximo su presentación y elaboración. Existen muchos libros con consejos prácticos para redactar _____ currículum, pero todo C.V. debe cumplir _____ esquema AIDA. Es decir, ha de ser capaz de atraer _____ Atención, suscitar _____ Interés, despertar _____ Deseo e incitar a _____ Acción.»

d) **Escriba una carta solicitando uno de los puestos de la sección A.**

e) **Rellene con sus datos este Currículum Vitae:**

Nombre: _____

Fecha de nacimiento: _____

Nacionalidad: _____

Estado civil: _____

Dirección particular: _____

Dirección profesional: _____

   I Titulaciones: _____
      (Estudios primarios/Enseñanza secundaria o Profesional/Títulos Académicos)

   II. Experiencia profesional: _____

   III. Lenguas extranjeras: _____

   IV. Otros datos de interés: _____

4. Y para terminar

a) Prepárese para la entrevista y reflexione:

Sobre usted mismo:
— datos personales, formación y estudios
— experiencia profesional
— otros datos de interés: conocimientos, cursillos, actividad docente, etc.
— interés en este puesto
— actividades que practica en su tiempo libre
— ambición profesional

b) Sobre el puesto de trabajo:

— formación exigida
— posibilidades de promoción
— condiciones (categoría, horario, tipo de entidad, lugar de trabajo)

c) Por parejas: comparen sus conclusiones con el posible profesiograma del Departamento de Personal.

— datos personales
— características familiares
— requisitos físicos
— características intelectuales
— características aptitudinales
— requisitos profesionales
— requisitos técnicos
— aspectos motivacionales
— rasgos psicológicos
— características vivenciales

C   ENTREVISTA DE CANDIDATOS

En el transcurso de la entrevista personal se deben tener en cuenta las siguientes recomendaciones:

Entrevistador	*Candidato*
— crear un clima de confianza	— llegar puntualmente
— mantener el control	— ajustar las respuestas a las preguntas
— no pasar a ser el entrevistado	— ir vestido impecablemente
— evitar la primera impresión	— no falsear información
— dejar que el candidato se exprese	— tener seguridad en sí mismo
— escuchar	— no fumar
— no sugerir respuestas	— no considerar al entrevistador como un enemigo
— hacer preguntas abiertas	— tampoco como amigo
— aclarar dudas	— hacer preguntas con franqueza
— pedir que se amplíe la información	— no exagerar las cualidades personales
— no proyectarse ni identificarse con él	— evitar criticar a los anteriores jefes
— evitar juicios de valor	

1. Para leer y comprender

a) Después de haber leído las recomendaciones para el entrevistador, explique el significado de:

— clima de confianza
— evitar la primera impresión
— hacer preguntas abiertas
— no proyectarse ni identificarse
— evitar juicios de valor

b) Respecto a las recomendaciones para el candidato, conteste:

1. La entrevista es a las 16.30. ¿A qué hora debe llegar?
2. ¿Cómo piensa ir vestido? Descríbalo.
3. El entrevistador parece amable. ¿Debe tratarlo de tú?
4. ¿Tiene que hablar mucho de sí mismo?
5. ¿Debería pedir permiso para fumar?
6. ¿Responde con sinceridad o con ambigüedad?
7. Si desea saber más sobre la empresa, ¿qué hace?
8. Respecto a su actual o anterior puesto de trabajo ... ¿Qué opina?

c) Repase mentalmente:

1. El candidato
2. El entrevistador

> hay que / no hay que
> tiene que / no tiene que
> debe / no debe
> debería / no debería
> puede / no puede

2. Para hablar

Usted ha recibido esta carta por la que se le notifica la cita para acudir a una entrevista de trabajo.

Estimado señor Urquijo:

Acusamos recibo de su atenta carta del pasado día 5, en la que solicitaba el puesto de subdirector de la oficina que nuestra entidad va a abrir próximamente en Bilbao.

Tenemos el gusto de comunicarle que ha sido usted preseleccionado y que tendrá que presentarse en nuestras oficinas centrales el miércoles 25 del presente mes, a las 10.00, para realizar unos test en nuestro Departamento de Recursos Humanos y, posteriormente, una entrevista personal con el Sr. Herrera.

Le saluda atentamente,

Fdo. Juan del Val
Dpto. de Personal

P.D.: Le rogamos confirmación telefónica

---

a) **Por parejas: tomen nota de los datos y preparen la conversación telefónica para confirmar su asistencia a la entrevista. También, la pueden grabar.**

b) **Por parejas: Elijan uno de los anuncios de las secciones A y B y preparen la entrevista con el consultor de Recursos Humanos y el candidato para exponerla oralmente.**

3. Para practicar

a) **Conteste por escrito a las siguientes preguntas:**

1. ¿Qué estudios y titulaciones posee?
2. ¿Qué idiomas habla? ¿Nivel?
3. ¿Qué experiencia laboral tiene?
4. ¿Por qué ha solicitado este empleo?
5. ¿Cuáles son sus aspiraciones económicas?
6. ¿Cuáles son sus aficiones?

b) **Lea de nuevo la oferta de empleo número 4, Sección A, y resuma el perfil del candidato idóneo, completando las frases siguientes:**

1. Debe ser/tener
2. Debería ser/tener
3. Tendría que
4. No puede ser/tener
5. No ha de ser/tener
6. Tiene que

c) **Escriba estas cifras:**

— 6.500.000: _____
— 145.299: _____
— 23.458.330: _____
— 854.397: _____

y estas citas

11.00/10/marzo 1994 _____
09.15/31/diciembre 1993 _____
17.00/martes/8/febrero _____
18.45/16/agosto _____

d) **Complete las frases siguientes con una preposición, si es necesario:**

1. La entrevista fue _____ las siete _____ la tarde.
2. ¿Puede confirmar _____ teléfono?
3. La sucursal está _____ cien metros _____ mi casa.
4. _____ la mañana hay mucho trabajo.
5. Mi despacho está _____ aquí.
6. El entrevistador llamó _____ siguiente candidato.

e) **Lea esta carta y redacte su respuesta:**

Muy señor nuestro:

Después de haber estudiado su solicitud y la información que nos ha proporcionado, lamentamos comunicarle que la trayectoria personal de algunos candidatos se ajustaba plenamente al perfil del puesto que deseamos cubrir.

Sin embargo, consideramos que su historial profesional puede ser interesante para otros puestos que deseamos cubrir en un futuro próximo. Por ello, salvo indicación contraria, nos gustaría conservarlo en nuestro departamento.

Le agradecemos su interés y le rogamos que nos disculpe por las molestias causadas.

Reciba un cordial saludo,

Antonio Meliá
Jefe de Personal

4. Y para terminar

a) **Redacte en español uno de estos anuncios, o todos:**

Foreign Bank Representative
Salary (negotiable) to 16 million pesetas

Our client is a leading foreign bank with European headquarters in London. We seek a Representative to market the Bank's products to institutional investors in Spain.

After an initial period of familiarization with the Bank's currency and interest rate swaps, equiq index derivates and fixed income products, the Representative will spend at least 25% of his / her time in Spain visiting clients.

The ideal candidate will have a minimum of 3 years similar experience, a solid academic background and an established client base in Spain, including banks, insurance companies and some of ther larger Spanish corporate entities. Bilingual, he / she is accustomed to working with a high degree of autonomy in an international environment.

Interested candidates are invited to send résumé or call:

INSEARCH, S. A. Claudio Coello, 24 28001 Madrid Tel: 576 04 77 Fax: 577 93 48

b) ***Después de la selección, el candidato elegido pasa por diferentes etapas, indique el orden correcto de las mismas y explíqueselas a su compañero:***

— período de prueba
— contratación
— acogida
— reconocimiento médico
— incorporacion
— integración

4

Operaciones bancarias

| A | PRINCIPALES OPERACIONES BANCARIAS |

Profesor: De acuerdo con la programación, hoy vamos a iniciar el Tema IV, correspondiente a las operaciones bancarias.

Para ello, vamos a distinguir _____ grandes grupos de operaciones: _____ o de riesgo pleno, ya que el banco entrega dinero; _____ , en las que el banco recibe el dinero, y de servicios. Estos últimos son de mediación, de _____ y de _____ .

Al primer grupo van a corresponder las operaciones de _____ de _____ y de descuento comercial. Al segundo grupo pertenecen las cuentas corrientes, _____ y las imposiciones a _____ .

TEMA IV	I Activas	préstamos / créditos / descuento comercial
	II Pasivas	cuentas corrientes / libretas de ahorro / imposiciones a plazo fijo
	III Servicios — de mediación	cobro de efectos / gestión administrativa y de valores, cartas de crédito / giros, transferencias y órdenes de pago / cheques de viaje / compra-venta de valores / cambio de divisas
	de custodia	depósito de valores / cajas de alquiler
	de garantía	créditos documentarios / avales y garantías / aceptaciones

Dentro de los servicios, vamos a estudiar el cobro de los efectos, las cartas de crédito, valores, los cheques de viaje, cambio de divisas, créditos documentarios, avales, etc.

Y, antes de continuar, ¿podrían decirme cuáles van a ser las operaciones de captación de recursos y cuáles las de inversión?

¡Exactamente! Las primeras son las pasivas y las de inversión, las activas. Mientras que las otras operaciones se denominan de mediación puesto que el banco va a actuar de mediador entre el cliente que solicita la operación y terceras personas.

En el caso de las operaciones de custodia, los clientes confían sus documentos u objetos al banco.

Por último, las operaciones de garantía o de riesgo condicionado son aquellas en las que un banco asume el riesgo de garantizar la responsabilidad de un cliente. También, se denominan «préstamos de firma», puesto que lo que la entidad presta es su firma.

Bien... mañana continuaremos con este tema.

1. Para leer y comprender

a) **Con ayuda del esquema del Tema IV, complete las lagunas de la explicación del profesor.**

b) **Elija la opción correcta:**

1. En las operaciones bancarias distinguimos:
    a) varios grupos
    b) cuatro grupos y dos subdivisiones
    c) clasificaciones difíciles

2. Las operaciones activas son también:
    a) de riesgo condicionado
    b) de riesgo pleno
    c) de inversión y riesgo pleno

3. Las pasivas son:
    a) de riesgo y captación de recursos
    b) cuentas corrientes y libretas de ahorro
    c) de cambio de divisas

4. Las imposiciones a plazo fijo son:
    a) servicios de mediación
    b) operaciones simples
    c) operaciones pasivas

5. Los avales están:
    a) en depósito
    b) como garantía
    c) en préstamo

c) **Subraye todas las operaciones que se denominen de forma parecida en su idioma y compruebe en el diccionario si ha acertado.**

2. Para hablar

a) **Por parejas: pida a su compañero que le explique el Tema IV y solicítele aclaraciones sobre el mismo, utilizando: ya que, debido a, puesto que, porque.**

b) **Por parejas: preparen un diálogo entre un empleado de banco y un futuro cliente que desea información acerca de los servicios que ofrece el banco.**

Empleado	Cliente
Saludar	saludar
ofrecer servicios/información	expresar petición
dar información	pedir detalles/aclaraciones
dar detalles	aceptar/no aceptar/mostrar satisfacción
pedir datos	dar datos personales
despedirse	despedirse

3. Para practicar

a) **Conteste por escrito a las siguientes preguntas:**

1. ¿En qué y por qué se diferencian las operaciones pasivas de las activas?
2. ¿Por qué determinadas operaciones se llaman de mediación?
3. ¿Qué significa imposición a plazo fijo?
4. ¿Por qué las operaciones de garantía suponen un riesgo para el banco?
5. ¿Qué es el descuento comercial?
6. ¿Cuáles son las operaciones de captación de recursos y por qué se llaman así?

b) **Exprese por escrito acciones futuras, con matiz de intención:**

1. El banco _____ .
2. Nuestros clientes_____.
3. La Bolsa de Madrid _____.
4. El marco_____.
5. El Sistema Monetario Europeo _____.
6. El director de la sucursal _____.

c) **Escriba con números romanos:**

Tema cuarto   _____   Juan Carlos primero   _____
Capítulo tercero   _____   Fernando séptimo   _____
Siglo veintiuno   _____   Pío nono   _____
Siglo quince   _____   Alfonso doce   _____

d) **Traduzca a su idioma todos los términos del cuadro sinóptico del Tema IV.**

e) **Complete el texto con las preposiciones convenientes:**

«El préstamo o crédito bancario constituye la actividad comercial _____ la banca. Los créditos bancarios se pueden distinguir _____ función _____ su duración: créditos _____ corto plazo (con un límite de _____ dos años), créditos _____ medio plazo (_____ dos _____ siete años) y _____ largo plazo. Los bancos _____ depósitos, poseedores _____ fondos que les pueden ser retirados _____ cualquier momento, no conceden créditos si su reembolso no está asegurado _____un vencimiento temporalmente próximo.

4. Y para terminar

a) **Dentro de dos días va a examinarse del tema de las operaciones bancarias y en la pantalla de su ordenador sólo aparecen estos términos. Organícelos y diseñe su propio cuadro sinóptico.**

cuentas de ahorro   servicios

crédito   efectos comerciales

valores   pasivas

préstamo   descuento

custodia

aceptaciones   modo extranjera

b) **Adivine estos términos y deletréelos, después.**

1. dajeacqlerauil
2. eeoorslbm
3. eiieovncmnt

4. nbcaa
5. noicisopmi
6. aioucstd

1 ¿Préstamos o Créditos?

Empresario:	¿Juan? Soy Luis. ¿Qué tal estás?
Asesor:	Muy bien. ¿Qué tal van tus negocios?
Empresario:	De eso quería hablarte. Te llamo porque quería comentarte... Ya sabes, la puesta en marcha de mi proyecto empresarial me ha exigido una serie de inversiones... locales, instalaciones, maquinaria. Total que, en febrero, tengo unos pagos y voy a solicitar un crédito. Necesito que me asesores.
Asesor:	¿Has hecho ya alguna gestión?
Empresario:	No. Sólo he visto los tipos de interés de algunas operaciones y pensaba...
Asesor:	Puedes recurrir a la banca oficial o a la privada y a la Caja, claro. Depende... también tenemos las sociedades de leasing y... Dame más detalles o mejor, ¿por qué no vienes a verme?
Empresario:	Te iba a sugerir eso.
Asesor:	Bien. Conviene que tengamos en cuenta la cantidad máxima a financiar, el plazo de amortización, el tipo de interés, las garantías exigidas y el período de tramitación. ¿Te viene bien mañana a las diez?
Empresario:	De acuerdo y así nos tomamos un café.
Asesor:	Hasta mañana.
Empresario:	Gracias, Juan.

2

Clienta:	Buenos días. ¿Puedo hablar con usted un momento?
Director:	Pase y siéntese. ¿Qué desea?
Clienta:	Quisiera solicitar un crédito...
Director:	¿Para algún negocio?
Clienta:	No. Para comprar vivienda.
Director:	O sea, un préstamo. ¿Personal o hipotecario?
Clienta:	No sé. Depende de las condiciones.
Director:	Para el personal hay varias fórmulas y el hipotecario es sobre la vivienda que vaya usted a adquirir. ¿Tiene usted cuenta con nosotros?
Clienta:	Sí. Tengo una cuenta corriente y una libreta de ahorro.
Director:	Muy bien. ¿Cuánto va a necesitar?
Clienta:	Dos millones ahora y seis y medio en agosto.
Director:	Si lo desea, podemos empezar a gestionar la operación.
Clienta:	¿Podría venir mañana? Es que ahora tengo un poco de prisa.
Director:	Por supuesto. Cuando usted quiera.
Clienta:	Pues, hasta mañana.

1. Para leer y comprender

a) Tome nota de las expresiones utilizadas para:

— saludos y despedidas (formal e informalmente)
— dar razones/causas/explicaciones/motivos/información
— expresar necesidad
— exponer dudas
— pedir aclaraciones/sugerencias
— concertar citas
— preguntar y responder sobre posibilidades

b) Resuma las dos conversaciones explicando las diferencias:

situaciones, necesidades, relación entre los hablantes, así como la distinción entre préstamo y crédito.

c) Diga de otra manera:

— la puesta en marcha de mi proyecto me ha exigido...
— te iba a sugerir eso
— ¿te viene bien mañana?
— ahora tengo un poco de prisa
— cuando usted quiera

2. Para hablar

a) Por parejas: preparen la conversación 1 para reproducirla en tono formal. A continuación, pueden grabarla.

b) Estudie el cuadro de créditos y préstamos y escriba su propia explicación. A continuación, compruebe sus notas con las de sus compañeros.

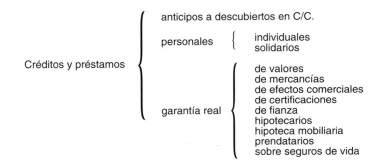

Créditos y préstamos
- anticipos a descubiertos en C/C.
- personales
  - individuales
  - solidarios
- garantía real
  - de valores
  - de mercancías
  - de efectos comerciales
  - de certificaciones
  - de fianza
  - hipotecarios
  - hipoteca mobiliaria
  - prendatarios
  - sobre seguros de vida

c) **Por parejas: preparen el diálogo para solicitar un préstamo, con los siguientes datos y teniendo en cuenta las etapas de formalización.**

— para comprar un coche
— cantidad: 1.250.000 pesetas
— plazo: de tres meses a un año
— ingresos anuales: 3.500.000

fase preparatoria:
— propuesta del solicitante
— aportación de datos
— estudio de la operación
— concesión o denegación
— formalización
fase de ejecución:
— en letra financiera/en póliza

3. Para practicar

a) **Indique las funciones de las frases siguientes:**

1. A las 11 en la puerta de tu oficina
2. No sé si debo
3. ¿Podría estudiarlo un par de días?
4. ¿Me permite que … ?
5. Ha dicho que las condiciones son …
6. Puede solicitarlo ahora mismo.

b) **Transforme las frases siguientes según el ejemplo:**

Ejemplo: *Ten en cuenta que* _____
              Conviene que tengas en cuenta _____

1. Solicita un préstamo. Te sugiero que_____
2. Pide un crédito. La situación exige que_____
3. No dependas de mí. No es conveniente que_____
4. Rellena la solicitud. No quiero que _____
5. Exige el recibo. Es preciso que _____
6. No vengas tarde. Te ruego que_____

c) **¿Cómo se dice en su idioma?**

1. solicitud de crédito................ _____
2. tipos de interés .... _____
3. plazo de amortización .... _____
4. período de carencia .... _____
5. período de tramitación.......... _____
6. préstamo hipotecario............. _____

d) ***Dé una explicación por escrito acerca de lo que se precisa o se puede hacer para conseguir un crédito o un préstamo, después de leer la información:***

Clases de garantías:

Garantía personal

Fianza: contrato por el que una o varias personas se obligan a pagar a un tercero, caso de no hacerlo éste. La cláusula de fianza va en la póliza de crédito.

Aval: es una fianza cambiaria; es decir, una fianza que garantiza el pago de una letra de cambio. El aval puede darse por escrito en la misma letra de cambio.

Un cliente puede ofrecer como garantía personal su garantía moral (reputación, honorabilidad, seriedad), material (solvencia económica, bienes particulares) o material de otras personas que respondan solidariamente por él.
Los garantes pueden prestar su garantía por fianza (fiadores) y por aval (avalistas).

Garantía real

Prenda: imposición a plazo
valor mobiliario
mercancías
Hipoteca: se garantiza con bienes inmuebles (casas, fincas) o con los derechos reales sobre ellos.

e) ***Busque información y redacte una nota aclaratoria sobre las sociedades de* leasing *y de* factoring.**

4. Y para terminar

a) ***Dicte a su compañero los datos que sean necesarios para rellenar esta solicitud de crédito e intercambien las explicaciones que sean necesarias.***

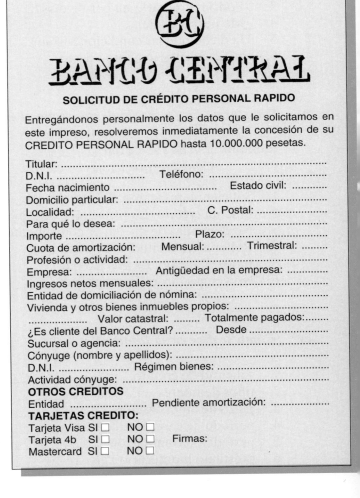

BANCO CENTRAL

SOLICITUD DE CRÉDITO PERSONAL RAPIDO

Entregándonos personalmente los datos que le solicitamos en este impreso, resolveremos inmediatamente la concesión de su CREDITO PERSONAL RAPIDO hasta 10.000.000 pesetas.

Titular: ....
D.N.I. .... Teléfono: ....
Fecha nacimiento .... Estado civil: ....
Domicilio particular: ....
Localidad: .... C. Postal: ....
Para qué lo desea: ....
Importe .... Plazo: ....
Cuota de amortización: Mensual: .... Trimestral: ......
Profesión o actividad: ....
Empresa: .... Antigüedad en la empresa: ....
Ingresos netos mensuales: ....
Entidad de domiciliación de nómina: ....
Vivienda y otros bienes inmuebles propios: ....
.... Valor catastral: .... Totalmente pagados:........
¿Es cliente del Banco Central? .... Desde ....
Sucursal o agencia: ....
Cónyuge (nombre y apellidos): ....
D.N.I. .... Régimen bienes: ....
Actividad cónyuge: ....
OTROS CREDITOS
Entidad .... Pendiente amortización: ....
TARJETAS CREDITO:
Tarjeta Visa SI ☐ NO ☐
Tarjeta 4b SI ☐ NO ☐ Firmas:
Mastercard SI ☐ NO ☐

b) **Señale los documentos que puedan estar relacionados con operaciones de crédito o préstamo y trate de dar una explicación:**

— relación de fiadores garantía p.
— contrato de *leasing* financiero
— solicitud de libreta por extravío
— resguardo depósito lotería
— informe de solicitud de p.h.
— póliza de préstamo
— talonarios de c/c.
— pol. pmo. garantía personal
— anexo póliza de c.
— relación de pmos. cred. y avales

C ÖPERACIONES PASIVAS

Profesor: La clase de hoy va a estar dedicada a las operaciones pasivas que llevan a cabo las entidades bancarias. Operaciones llamadas, también, de captación de recursos y que son aquellas por las cuales el banco recibe dinero de sus clientes.

Recordemos las más importantes: cuentas corrientes a la vista, cuentas de ahorro e imposiciones a plazo fijo.

La cuenta corriente bancaria es un contrato de depósito de dinero, mediante el cual una o varias personas entregan a un banco cantidades de dinero, que éste se obliga a devolver a la vista.

Este contrato bancario puede adoptar varias formas pero los pactos más usuales son:

a) el banco está autorizado unas veces, y obligado otras, a realizar pagos por cuenta del cliente, en especial de letras de cambio;

b) el banco tendrá la obligación de abonar los cheques que el cliente emita con cargo a su provisión de fondos;

c) el banco abonará intereses al cliente por las cantidades anotadas en el haber de éste y el cliente tendrá la misma obligación respecto a las cantidades anotadas en su debe;

d) el banco tendrá derecho a percibir un tanto por ciento a comisión como pago de sus servicios: operaciones de Bolsa, pago de cheques, letras de cambio, facturas, giros, cartas de crédito, etc;

e) el banco deberá guardar secreto sobre las operaciones que el cliente le confía.

1. *Para leer y comprender*

a) Subraye las expresiones utilizadas para estipular condiciones.

b) Busque los términos u operaciones correspondientes a las siguientes explicaciones:

1. Devenga un interés mínimo. El titular puede cancelarla en cualquier momento.
2. Constituye un título nominativo e instransferible. Se nutre del dinero procedente del ahorro individual o familiar.
3. Medios financieros de que dispone una persona, entidad o colectividad.
4. Tiene una fecha de vencimiento. La retirada del capital al vencimiento puede ser total o parcial.
5. Documento mercantil por el que una persona (librador) manda a otra (librado) pagar una cantidad a la orden de un tercero (tomador) o a su propia orden (letra a la propia orden).
6. Orden de pago dada por una persona física o jurídica (librador) por la que se autoriza a retirar una cantidad de los fondos disponibles en una entidad crediticia (librado).
7. Cantidad que se paga por tenencia de dinero ajeno.
8. Parte de una cuenta en la que cuentan los abonos en la misma.
9. En contabilidad, parte de una cuenta en la que constan los cargos de la misma.
10. Transferencia de fondos o dinero por medio de letras de cambio, cheques u otros instrumentos de pago.

c) Clasifique los términos

	Persona	Acción	Documento
Cliente			
Abonar			
Libreta de ahorro			
Titular			
Contrato			
Letra de cambio			
Cheque			
Pagar comisión			
Facturar			
Librador			

2. *Para hablar*

a) *Elija las expresiones relacionadas con:*

1. saldo de una cuenta
2. hacer un ingreso
3. hacer un reintegro
4. cancelar una cuenta

a) ¿En qué ventanilla puedo ingresar este talón?
b) Quiero cancelar esta cuenta
c) ¿Me actualiza la cuenta, por favor?
d) ¿Cuál es el impreso para meter dinero?
e) ¿Me das un impreso para sacar dinero?
f) ¿Me dices lo que tengo?
g) Tienes 275.000 pesetas

b) *Pregunte a sus compañeros el significado de los siguientes documentos relacionados con la apertura de una cuenta corriente:*

— carta solicitud de apertura (datos personales, cantidad que se ingresa, fecha)
— cartulina de comprobación de firmas (comprobación)
— solicitud de talonario (disposición de fondos)
— impreso de condiciones generales (información)
— factura de entrega (número de cuenta, cantidad ingresada, firma del cliente)

c) *En parejas: preparen el diálogo entre el empleado del banco y un cliente que desea abrir una cuenta corriente, utilizando:*

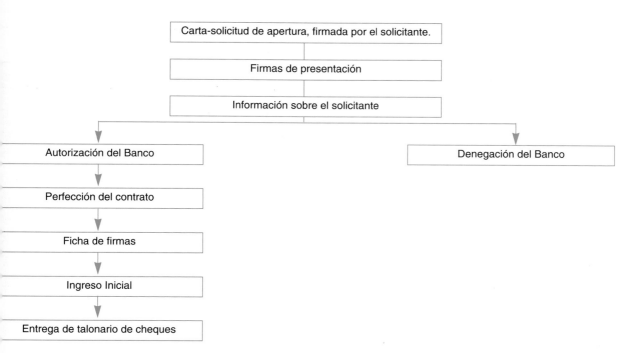

TRAMITES DE APERTURA DE UNA CUENTA CORRIENTE A LA VISTA

Carta-solicitud de apertura, firmada por el solicitante.

Firmas de presentación

Información sobre el solicitante

Autorización del Banco — Denegación del Banco

Perfección del contrato

Ficha de firmas

Ingreso Inicial

Entrega de talonario de cheques

3. *Para practicar*

a) *Lea las características generales de una libreta y conteste por escrito:*

1. ¿Qué es una libreta?
2. ¿Quién puede ser titular?
3. Diferencia entre intereses y comisión.
4. Formas de hacer ingresos y reintegros.
5. ¿Qué hay que hacer si se pierde la libreta?
6. ¿Quién o quiénes pueden cancelar la libreta?

CAJA DE MADRID

Características Generales

Libretas

Las libretas de la **Caja de Ahorros y Monte de Piedad de Madrid,** son el documento en el que se reflejan las operaciones realizadas por el/los titular/es, siendo precisa su presentación para registrar en ellas tales operaciones.

Titularidad

Pueden ser titular/es de la libreta cualesquier personas física o jurídica individual o conjuntamente.
En las libretas indistintas se entenderá que cada uno de los titulares es propietario de la totalidad del saldo de la libreta, no pudiendo los derechohabientes del premuerto impugnar el derecho del sobreviviente, quien quedará obligado a cumplir las disposiciones fiscales (art. 27 Estatuto de las Cajas de Ahorros).

Intereses y Comisiones

En la libreta se satisfacen el tipo de interés establecido por la **Caja** en cada momento para **este tipo de cuentas. Las** variaciones del tipo de interés que se establezcan por la **Caja** se aplicarán por la Entidad desde la fecha de la entrada en vigor de tales variaciones.
La **Caja** podrá igualmente establecer comisiones por administración o mantenimiento de la libreta o cualquier otra que en el futuro pudiera establecerse.

Imposiciones y Reintegros

La **Caja** admite imposiciones en efectivo mediante cheque y/o efectos, quedando condicionada la disposición al buen fin de los mismos.
Las cantidades depositadas podrán retirarse en todo momento por los interesados pudiendo la **Caja** exigir un preaviso de 15 días, salvo que la libreta fuera a plazo en cuyo caso habrá que atenerse a lo previsto en el contrato.
La libreta sirve para realizar operaciones utilizando como medios de pago asociados a la misma, cajeros automáticos y otras modalidades que pudieran establecerse en el futuro.

Pérdida de la Libreta

En caso de pérdida de la libreta, extravío o sustracción, el/los titular/es deberán cursar aviso a la dirección de **la Caja de Madrid.**

Cancelación

La cuenta podrá cancelarse por ambas partes sin expresion de causa, debiendo preavisarse con una antelación de 15 días, cuando sea la **Caja** quien decida su cancelación.

b) *Anote las distintas razones por las cuales vamos a un banco:*

para, a fin de, con objeto de, debido a, etc..

1. _____
2. _____
3. _____
4. _____
5. _____
6. _____

c) **Las cuentas bancarias tienen dos columnas para hacer anotaciones: Debe y Haber. Indique las anotaciones que corresponden a cada una de ellas.**

	Debe	Haber

1. Remesas de letras de cambio ....
2. Compra de título ....
3. Retirada de fondos por parte del cliente .....
4. Ingresos de cupones ....
5. Pagos de cheques o transferencias emitidos por el cliente....................................
6. Imposición del titular ....
7. Transferencia a su favor ....
8. Letras que domicilie a su cargo ....

d) **Escriba una redacción sobre uno de los siguientes temas:**

1. Estructura del Plan General de Contabilidad: principios contables, cuadro de cuentas, definiciones y relaciones contables, cuentas anuales y normas de valoración.
2. Historia y desarrollo de la Contabilidad, desde las civilizaciones antiguas hasta las aplicaciones informáticas.

4. *Y para terminar*

a) **Explique los signos correspondientes a:**

% _____

+ _____

— _____

× _____

: _____

= _____

> _____

≠ _____

≈ _____

√ _____

∞ _____

b) **Relacione el tipo de información con cada uno de los cinco puntos del Extracto de Cuenta.**

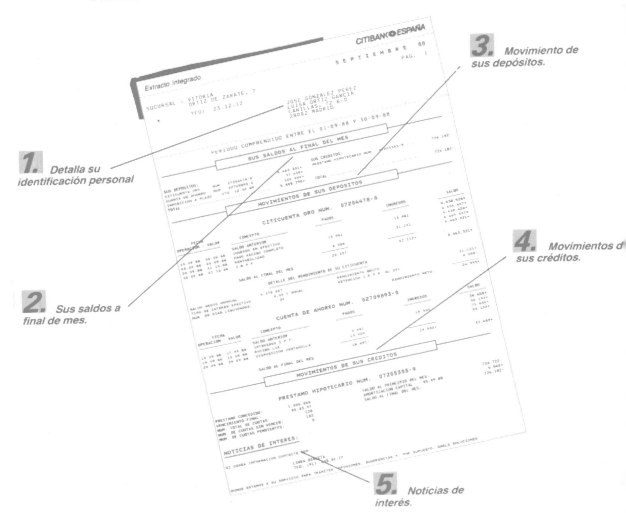

a)   Información sobre cuentas, servicios o asuntos de interés general.

b)   Tipo y n.º de todas sus cuentas; saldo anterior, movimientos, fecha valor y fecha operación, etc.

c)   Características, vencimiento del crédito; cuotas sin vencer y pendientes y amortizaciones.

d)   Apellidos, nombre, dirección, sucursal.

e)   Tipo y n.º de sus cuentas y saldos clasificados por depósitos y por créditos.

5

Servicios y productos bancarios

A OFERTA GENERAL DE SERVICIOS

Día a día nos esforzamos para darle más y mejores servicios. Buscamos soluciones rápidas y más eficaces a cualquiera de las exigencias financieras que surjan en la vida diaria. Tanto en España como en el extranjero, cuente con nosotros. Ponemos a su disposición los mejores medios para realizar todas las gestiones financieras de una familia de hoy: una gran red de sucursales informatizadas y un equipo humano altamente cualificado. Lo que su familia exige, lo que usted se merece:

1

Cuenta corriente y libreta a la vista
Gestión de pagos y cobros, domiciliaciones
Cajero 24 h.
Transferencias
Servicio nómina
Tarjeta de crédito
Servicio Telecompra
Cheques de viaje/cambio de divisas
Cheques de gasolina
Cajas de seguridad
Servicio Telecaja

2

Anticipo y crédito
Nómina
Crédito familiar
Crédito en el comercio
Crédito vivienda
Servicio venta rápida de vivienda
Créditos impuestos
Crédito personal

3

Cuenta corriente activa
Cuenta a plazo
Libreta de capitalización
Plan de pensiones
Fondos de inversión
Cédulas hipotecarias
Pagarés de Empresa
Pagarés del Tesoro
Compra-venta y custodia de valores

1. Para leer y comprender

a) *Elija la frase publicitaria apropiada para cada uno de los bloques de servicios y, a continuación, proponga otras para cada uno de ellos:*

1. Invierta a su favor
2. Le ayudamos en su economía doméstica
3. Le damos crédito

b) *Anote los elementos de la oferta:*

1. ¿A quién se dirige?
2. ¿Por qué?
3. ¿Cómo?

4. ¿Qué se ofrece?
5. ¿Para qué?
6. ¿Dónde?

c) *Relacione los comentarios con alguno de los servicios ofrecidos en la oferta general.*

1 «Deje que nosotros nos ocupemos de cobrar sus cheques y pagar el teléfono o los plazos del coche.»

2 «Tiene la posibilidad de conseguir anticipos de hasta 200.000 pesetas. Y, con solo su firma, un crédito a 36 meses.»

3 «Basta con que nos avise y nosotros le prepararemos todo lo necesario para sus vacaciones o viajes de negocio.»

4 «... en pesetas, dólares, libras. A donde nos diga. Usted decide.»

5 «Protegemos sus cosas con la confidencialidad más absoluta.»

6 «La mejor vía para planificar su jubilación con la experiencia y seguridad que puede darle la entidad más antigua de España.»

7 «Nuestro Servicio de Valores informatizado, le gestiona sus valores mobiliarios, el cobro y la negociación de cupones.»

2. Para hablar

a) *Cada alumno selecciona cinco servicios para ofrecer una explicación de los mismos.*

b)   **En grupos: comenten la oferta general de servicios en relación con el esquema de operaciones bancarias de la unidad 4.A.**

c)   **Por parejas. preparen una conversación telefónica entre un empleado del nuevo servicio de banca telefónica y un posible cliente, utilizando los siguientes argumentos:**

banco

— reducción de costes
— fórmulas imaginativas
— perfil del cliente
— acercar el servicio para ser más eficaz
— mayor calidad
— ahorro de tiempo para el cliente
— seguridad del sistema (registro de las llamadas, código de acceso personal)
— provisión de una tarjeta de identificación para las operaciones
— servicio gratuito
— horario: 8 a 22 y los sábados, de 10 a 14

cliente

— preocupación por seguridad
— dudas del sistema
— pedir seguridades
— tipos de operaciones que se puede efectuar
— forma de operar
— necesidad de soporte informático/instalación
— gastos: teléfono, servicio
— horario

3.   *Para practicar*

a)   **Exprese por escrito las fórmulas para ofrecer los siguientes servicios:**

.1.   Créditos para adquisición de viviendas (primera y segunda).
2.   Una nueva tarjeta de crédito.
3.   Créditos para los jóvenes: estudios, viajes, actividad empresarial, adquisición de vivienda, etc.
4.   Plan de pensiones.
5.   Seguro multirriesgo.
6.   *Leasing:* financiación de inversiones en inmuebles.

b)   **Algunos clientes le van a expresar sus dudas y preocupaciones. Escriba distintas fórmulas para tranquilizarlos.**

Ejemplo: *Me preocupa la jubilación.*
           No se preocupe. Podemos ofrecerle un plan de pensiones...

1.   He perdido mi tarjeta de crédito.
2.   Tengo que hacer un viaje a Sudamérica y no quiero llevar mucho dinero en efectivo.
3.   Nos vamos de veraneo y no queremos dejar las joyas en casa.
4.   No sé... Mis dos hijos quieren ir este verano a Estados Unidos.
5.   Estoy preocupada porque no encuentro la libreta a plazo.
6.   Quisiera invertir en Valores pero me da miedo.

c)   *Complete las siguientes frases, utilizando: o, e, y, u, ni..., ya sea, bien...*

1.   Las supercuentas no son buenas _____ para el sistema financiero _____ para los clientes.
2.   Puede pagarlo en el acto _____ en cómodos plazos.
3.   Podrá consultar el saldo de su cuenta, _____ por teléfono _____ por ordenador.
4.   Lleve dólares _____ si lo prefiere cheques de viaje.
5.   Estamos a su disposición _____ día laborable _____ no.
6.   Dice que _____ paga la letra _____ ordenará otras gestiones.

d)   *Estudie las tarifas de comisiones de mantenimiento y administración de cuentas corrientes y conteste a las siguientes preguntas:*

1.   ¿Cuánto cuesta el mantenimiento en el BBV?
2.   ¿Cuál es el banco que cobra más por el mantenimiento?
3.   ¿Cuál es el banco que carga más por la administración?
4.   ¿Cuál es el banco que ofrece más apuntes gratis al año?
5.   En resumen: ¿Desde cuánto puede cobrar un banco por administrar una cuenta?
6.   ¿Y hasta cuánto por el mantenimiento?

	C. Mantenimiento	C. Administración
BBV	500 p./sem.	25 p./apunte (24 gratis al año)
CENTRAL	350 p./sem.	25 p./apunte (14 gratis al sem.)
BANESTO (Cuenta única)	250 p./trim.	20 p./apunte (18 gratis al trim.)
BANESTO (Resto cuentas)	400 p./sem.	20 p./apunte (18 gratis al sem.)
SANTANDER (Cuenta remunerada)	500 p./sem.	30 p./apunte (30 gratis al mes)
SANTANDER (Resto)	2.500 p./sem.	30 p./apunte (14 gratis al sem.)
HISPANO	600 p./sem.	25 p./apunte (36 gratis al año.)
HISPANO (Alta remuneración)	500 p./sem.	30 p./apunte (10 gratis al mes.)
POPULAR	275 p./sem.	25 p./apunte (12 primeros gratis)
EXTERIOR	250 p./trim.	25 p./apunte (6 gratis al mes.) 10 en c. c. remuner.)
LA CAIXA	N.D.	N.D.
CAJAMADRID	250 p./sem.	10 p. /según apunte (25 gratis)
CAJAMADRID (Cuenta integral)	250 p./trim.	30 p./apunte (10 gratis)
C. CATALUÑA	250 p./trim.	apuntes gratis

Fuente: Entidades financieras.

e) **Busque los antónimos en un diccionario e indique los matices de cada uno de los adjetivos:**

	+	—	Antónimos
Inflexible			
Eficaz			
Agobiado			
Pasivo			
Mejor			
Puntual			
Antiguo			
Inseguro			
Prestigioso.........................			
Gratuito			
Incómodo			
Imprescindible			

4.   Y para terminar

a)   **Estudie los motivos de cambio de entidad bancaria y exponga sus conclusiones.**

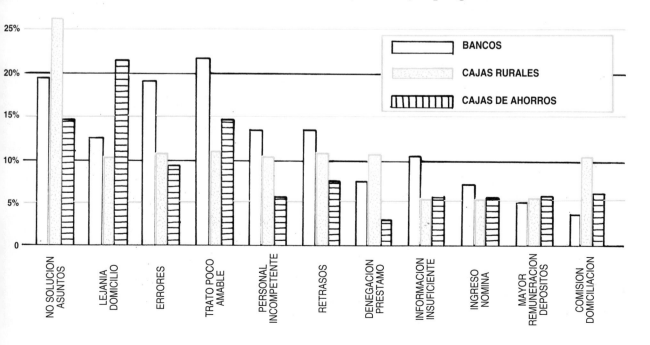

b) **Lea las cartas y comente con sus compañeros el objeto y la oferta concreta de cada una de ellas.**

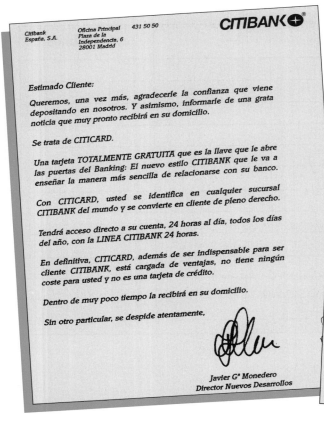

Citibank
España, S.A.

Oficina Principal   431 50 50
Plaza de la
Independencia, 6
28001 Madrid

CITIBANK

Estimado Cliente:

Queremos, una vez más, agradecerle la confianza que viene depositando en nosotros. Y asimismo, informarle de una grata noticia que muy pronto recibirá en su domicilio.

Se trata de CITICARD.

Una tarjeta TOTALMENTE GRATUITA que es la llave que le abre las puertas del Banking: El nuevo estilo CITIBANK que le va a enseñar la manera más sencilla de relacionarse con su banco.

Con CITICARD, usted se identifica en cualquier sucursal CITIBANK del mundo y se convierte en cliente de pleno derecho.

Tendrá acceso directo a su cuenta, 24 horas al día, todos los días del año, con la LINEA CITIBANK 24 horas.

En definitiva, CITICARD, además de ser indispensable para ser cliente CITIBANK, está cargada de ventajas, no tiene ningún coste para usted y no es una tarjeta de crédito.

Dentro de muy poco tiempo la recibirá en su domicilio.

Sin otro particular, se despide atentamente,

Javier Gª Monedero
Director Nuevos Desarrollos

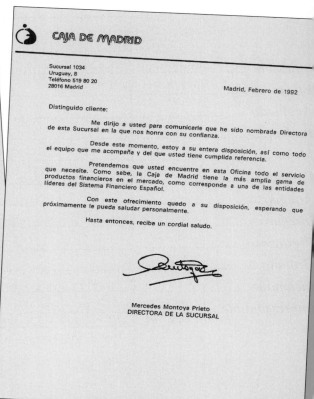

CAJA DE MADRID

Sucursal 1034
Uruguay, 8
Teléfono 519 80 20
28016 Madrid

Madrid, Febrero de 1992

Distinguido cliente:

Me dirijo a usted para comunicarle que he sido nombrada Directora de esta Sucursal en la que nos honra con su confianza.

Desde este momento, estoy a su entera disposición, así como todo el equipo que me acompaña y del que usted tiene cumplida referencia.

Pretendemos que usted encuentre en esta Oficina todo el servicio que necesite. Como sabe, la Caja de Madrid tiene la más amplia gama de productos financieros en el mercado, como corresponde a una de las entidades líderes del Sistema Financiero Español.

Con este ofrecimiento quedo a su disposición, esperando que próximamente le pueda saludar personalmente.

Hasta entonces, reciba un cordial saludo.

Mercedes Montoya Prieto
DIRECTORA DE LA SUCURSAL

B	SERVICIOS Y PRODUCTOS PARA LAS EMPRESAS

Si tiene una empresa o un comercio. Si necesita financiación, rentabilizar su tesorería, abrirse al mercado exterior, agilizar la gestión de su negocio... Cuente con nuestro Servicio-Empresa.

Un servicio íntegramente desarrollado para atender las necesidades del mercado empresarial. Para resolver, con rapidez y eficacia, cualquier problema en España o en el extranjero. Siempre dispuesto a colaborar con usted para hacer empresa.

A

Conexión con terminales de punto de venta
Tarjetas de crédito y débito
Servicio nómina
Seguros y fondos de pensiones

B

Información y asesoramiento
Cuenta integral
Fondos de inversión
Rentabilización de puntas de Tesorería
Pagarés
Gestión de Tesorería por ordenador
Administración de Patrimonio

C

Cuentas en divisas
Financiación importación/exportación
Medios de pago internacionales (créditos documentarios, remesas y transferencias)
Seguro de cambio
Tarjetas y cheques de viaje

D

Cuenta integral de crédito
Créditos para equipamiento e inversiones, para nueva tecnología...
Préstamos para primer establecimiento
Leasing
Factoring

1. Para leer y comprender

a) Estudie la presentación de servicios para empresas y clasifique los bloques de acuerdo con:

1. soluciones para la financiación
2. mercado exterior
3. gestión del negocio
4. rentabilización de la Tesorería

b) Subraye los servicios o conceptos que no conozca y trate de dar su propia explicación. A continuación, decida el servicio o producto que necesitaría si...

1. quisiera en una sola cuenta, alta rentabilidad y liquidez absoluta
2. precisara comprar equipo informático para un laboratorio
3. eligiera la fórmula de arrendamiento de bienes de equipo e inmuebles
4. le interesara rentabilizar los excedentes de Tesorería de su Empresa
5. encargara al banco la confección y entrega de las nóminas de sus empleados
6. tuviera que tener una cuenta en ECUS
7. para su negocio requiriera créditos documentarios
8. quisiera contar con medios de cobertura del riesgo de cambio

c) Exprese de otra manera:

1. rentabilidad de Tesorería
2. abrirse al mercado exterior
3. cuente con nuestro Servicio-Empresa
4. colaborar para hacer empresa
5. gestión de Tesorería por ordenador
6. conexión con terminales en punto de venta

2. Para hablar

a) En grupo: formulen a sus compañeros las preguntas correspondientes al ejercicio 1.b y comenten las respuestas.

b) Por parejas: lean la información correspondiente al crédito documentario y preparen una exposición oral sobre el tema. También, lo pueden grabar.

«El crédito documentario es propio del comercio internacional y se puede definir como un convenio en virtud del cual un banco (*emisor*), a petición y de acuerdo con las instrucciones de su cliente (*ordenante o comprador*) deberá efectuar un pago a un tercero (*beneficiario o vendedor*), o a su orden, o deberá pagar o aceptar letras de cambio giradas por el beneficiario. Y autorizar a otro banco (*intermediario*) para que pague, acepte o negocie dichas letras de cambio, contra la entrega de los documentos exigidos, siempre y cuando se cumplan los términos y condiciones del crédito.»

«Los créditos pueden ser: revocable, irrevocable, confirmado, transferible y transferible reversible.»

3.   *Para practicar*

a)   *Exprese por escrito las respuestas correspondientes al ejercicio 1.b.*

b)   *Traduzca a su idioma la información y los términos del crédito documental.*

c)   *A continuación, explique las distintas formas de créditos documentales:*

1.   revocable
2.   irrevocable
3.   confirmado
4.   transferible
5.   transferible reversible

d)   *Escriba un resumen del proceso del crédito documentario de acuerdo con el esquema:*

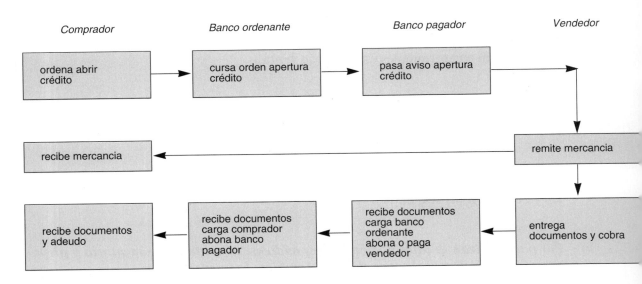

4.   Y para terminar

La letra de cambio

Es uno de los instrumentos crediticios más importantes y debe cumplir los siguientes requisitos:

— llevar la denominación de letra de cambio
— mandato de pagar una suma determinada en pesetas o en moneda convertible
— el nombre de la persona que ha de pagar (*librado*)
— la indicación del vencimiento (*a fecha fija o a la vista*)
— el lugar en que se ha de efectuar el pago
— el nombre de la persona a quien se ha de hacer el pago
— la fecha y el lugar en que se libra
— la firma del que emite la letra (*librador*)

a)   Indique en esta letra de cambio los requisitos que acaba de leer.

b)   Las personas que figuran en una letra reciben determinados nombres.

¿Quién es quién?

1. librador
2. librado
3. aceptante
4. tenedor o tomador
5. endosante
6. endosatario
7. avalista

a)   persona que ha transmitido la letra a otra persona por endoso.

b)   extiende y ordena el pago de la letra. Debe firmarla.

c)   persona designada para cobrar el importe de la letra.

d)   persona que ha recibido la letra por endoso.

e)   persona a cuyo cargo se gira la letra.

f)   persona que garantiza con su firma el pago de la letra.

g)   persona que acepta pagar la letra a su vencimiento. Es el principal obligado al pago.

C   MARKETING Y PRODUCTOS BANCARIOS

Con las supercuentas acaba de estallar una guerra comercial y para los responsables de los departamentos de *marketing* de los bancos y cajas de ahorros no parece que se haya inventado todo.

Las entidades financieras han tenido que imaginar nuevos productos para atraer la atención de los clientes. Productos que han inundado los mostradores de las oficinas bancarias y que van desde créditos para comprar obras de arte hasta cuentas corrientes que son también fondos de inversión.

Entre estos productos han destacado:

• El crédito al consumo: para adquirir coches, motos, obras de arte o antigüedades. Con un tipo de interés que oscila entre el 15 y el 16 % y un plazo de amortización de tres a cinco años.

- El crédito hipotecario: para adquirir viviendas. Siempre ha existido pero ahora los bancos acaban de ofrecer cuentas-vivienda con un interés cuyo tipo en Tasa Anual Equivalente (TAE) es del 12 % y un plazo de amortización de hasta cincuenta años.

- La cuenta-comercio o cuenta negocio: destinada a las tiendas y a las PYMES. Son cuentas corrientes que van acompañadas de otros servicios, como los Terminales Punto de Venta (TPV) o seguros gratuitos de atraco, expoliación o responsabilidad civil. Las PYMES y los comercios se benefician también del servicio videobanco y de financiación en condiciones ventajosas.

- La oferta bancaria para los jóvenes se ha consolidado en la cuenta infantil y la cuenta *junior*, con lo que se ha buscado captar a los clientes del futuro, ofreciéndoles, además, becas para estudiar en el extranjero, viajes e incluso la posibilidad de realizar prácticas laborales en las oficinas del grupo bancario.

- Productos especializados: cuentas híbridas, mezcla de cuenta corriente y fondo de inversión que permite disponer de liquidez, mediante una tarjeta de crédito y débito, y talonarios para manejar el dinero en cuenta corriente.

- Otro producto financiero es el depósito mensual en divisas, con una imposición mínima de diez millones y dos tipos de remuneración: una fija, según la cantidad que se deposite, y otra variable, dependiendo del cambio de la divisa.

1.   *Para leer y comprender*

a)   **Subraye todas las palabras clave del tema y trate de definirlas de acuerdo con el contexto.**

b)   **Después de leer cuidadosamente el texto:**

1.   elija el título que más se adecúe, dando razones:

a)   Cómo vender más y mejor en el sector terciario
    b)   Concepto de producto bancario
        c)   Los productos de moda de la banca
            d)   Ofertas de *marketing*
                e)   El *marketing* a su servicio

2.   los nuevos servicios son:

a)   innovaciones importantes
    b)   una nueva línea de servicios
        c)   adiciones a los productos existentes
            d)   modificaciones de los servicios existentes

c) *Señale verdadero (V) o falso (F)*

	V	F
1.		
2.		
3.		
4.		
5.		
6.		

1. Las entidades bancarias han comenzado una guerra comercial hace tiempo...
2. Los directores de marketing han diseñado nuevas ofertas.
3. Los productos financieros apenas se promocionan............
4. El plazo de amortización para adquirir una vivienda es muy corto. ....
5. Los comerciantes han recibido ofertas ventajosas para comprar vivienda...
6. Los bancos han favorecido el ahorro de los jóvenes..........

2. Para hablar

a) *Después de estudiar el cuadro de ofertas para los jóvenes, comente con sus compañeros:*

— cantidad de productos: pocos, muchos, demasiados, bastante, etc.
— tipo de interés: alto, bajo, poco, mucho.
— plazo de amortización: corto, largo, muchos meses, pocos años, etc.
— otras características.

Productos de ahorro	Popular	Hispano 20	Santander	Central
Cuenta infantil	Cartilla de ahorro. 8 % TAE desde primera Pta. Sin comisiones.	Cartilla de ahorro 7 % nominal primera Pta. Sin comisiones	0-17 años. 7 % TAE desde 15.000 Ptas. Sin comisiones. 4B desde 14 años.	
Cuenta juvenil	Cartilla de ahorro 8 % TAE desde primera Pta. Sin comisiones.	Cartilla de ahorro o cta/cte. 7 % nominal primera Pta. Sin comisiones/4B gratis.	18-25 años. cta/cte. 7 % TAE desde 15.000 Ptas. 4B. Sorteo becas.	Cuenta universitaria. 6 % TAE desde primera Pta. 4B
Euroestudios ahorro	Plan de ahorro. Hasta 18 años. 6 % TAE.			Plan de ahorro universitario. 5.000 Ptas. al mes. A partir del 2.º año se puede sacar.
Productos de financiación Préstamo idiomas	EGB y universidad. Hasta 500.000 Ptas. 14 % TAE. Amortización 10 meses.			
Préstamo universidad	Pago matrícula. Hasta 300.000 Ptas. 14 % TAE. Amortización 10 meses.			
Préstamo estudios	EGB y universidad Matrícula + libros + manutención. 14 % TAE. Amortización 10 meses.	Hasta 150.000 Ptas. 14,50 % nominal. Amortización 36 meses.		Hasta 150.000 Ptas. 17 % TAE. Amortización 1 año. Cuenta universitaria.
Préstamo «master»	Hasta 2 millones. 13 ó 14 % TAE. Amortización 2 años			Doctorado. con cuenta universitaria. 1 millón Ptas. 17 % TAE. Amortización 3 años.
Crédito beca		Hasta 450.000 Ptas. 14,50 % nominal. Amortización 5 años.		
Crédito empresa	Negociación individual	500.000 Ptas. ampliables. 14,50 % nominal. Amortización 5 años.		Con cuenta universitaria. 10 millones Ptas. 18 % TAE. Amortización 5 años

uente: entidades bancarias.

b) *La publicidad es una parte del* **marketing** *y se basa en la comunicación y en la persuasión.*

En grupo: relacionen la publicidad con los servicios financieros y reflexionen sobre el contenido psicológico, los argumentos o los recursos lingüísticos utilizados.

1. Estamos en el rumbo de todos sus viajes.
2. Para el cliente más importante: usted.
3. No arriesgue su hogar. Cuesta muy poco vivir en su hogar sin riesgos.
4. El plan de su vida.
5. Ponemos oro en sus manos.
6. En créditos hablamos todos los idiomas.
7. Déjenos guardar sus recursos más valiosos.

a) seguro hogar
b) plan de pensiones
c) custodia de joyas
d) cheques de viaje
e) tarjeta de oro
f) asesoramiento financiero
g) crédito de divisas

3. Para practicar

a) *Indique por escrito lo que cuesta comprar en su país:*

1. una vivienda de 200 m^2
2. un coche deportivo
3. un vídeo
4. una moto
5. un congelador
6. un ordenador portátil

poco, mucho, bastante, no mucho, demasiado (dinero, unidad monetaria)

b) *Conteste por escrito a las siguientes preguntas sobre el texto:*

1. ¿Qué entidad ha creado CODI?
2. ¿De quién ha tomado el nombre?
3. Razones para tomar ese nombre
4. ¿Qué tipo de servicio es?
5. ¿Qué condiciones ofrece?
6. ¿Dónde puede informarse?

CODI **COLATERAL DIVISAS**

William F. Cody fue audaz y valiente. Pionero en su tiempo, abrió nuevos horizontes a los hombres de su época.

CODI, el nuevo **producto** de las **Cajas de Ahorro** es, igualmente, pionero en **abrir** a todos los inversores el mercado más líquido del mundo, el más transparente, y el único que funciona las 24 horas del día: **el mercado de divisas.**

Un mercado, donde se compran y venden divisas, tradicionalmente reservado a los grandes inversores. Ahora **CODI** le permite participar en él con **sólo** depositar el **10 % de la inversión** a realizar, y disfrutar de los resultados... al 100 %.

CODI le permite **fijar** las **condiciones** de la inversión: cantidad, divisa, cambios límites y plazo. Por escrito. En **contrato.** Sin sorpresas.
Su caja le asesorará, y facilitará puntualmente, la información necesaria para tomar sus decisiones. Y, además... le abonará un interés por su depósito.

No lo olvide, **CODI** es un producto moderno, basado en la más avanzada tecnología financiera, que le permite una inversión, con total liquidez, en la que Vd. tiene la última palabra.

Consulte a su caja.

 CAJAS DE AHORROS CONFEDERADAS

c) **Termine las respuestas según el ejemplo:**

Ejemplo: ¿Has ido ya al banco?
  Sí, ya he ido
  No, no he ido todavía

1. ¿Has leído ya el informe económico? Sí, _____
2. ¿Han traído ya los folletos de la tarjeta de crédito? Sí, _____
3. ¿Habéis autorizado vosotros la publicación de estos datos? No, _____
4. ¿Has podido hablar por fin con el jefe? Sí, _____
5. ¿Te han comentado las nuevas disposiciones? No,_____
6. ¿No se ha terminado la promoción? No, _____

d) **Redacte un artículo sobre «marketing bancario», exponiendo sus opiniones sobre el sector terciario.**

Recuerde: «los consumidores no compran la propiedad de un producto físico; compran el disfrute de ese servicio y de ahí la dificultad de evaluar la satisfacción del cliente».

4. *Y para terminar*

El Director de *Marketing* les ha pedido que diseñen un producto financiero nuevo. Utilicen el esquema siguiente:

— investigación del mercado (necesidades)
— descripción del grupo-meta (consumidores)
— estudio y diseño del producto
— publicidad y promoción

a) **Ahora tienen que organizar la campaña publicitaria para darlo a conocer:**

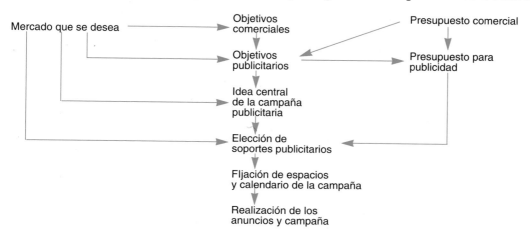

b) **Seleccionen los medios publicitarios que van a utilizar:**

— prensa diaria   — radio
— prensa especializada   — publicidad exterior
— televisión   — otros

c) **Diseño del anuncio:**

— expresar visualmente el mensaje
— complementar con elementos verbales
— alcanzar un ambiente estético y efectivo

6

En una oficina bancaria

A   **EL PATIO DE OPERACIONES**

INFORMACION

COMERCIAL

CUENTAS DE AHORRO

AVALES Y GARANTIAS

CUENTAS CORRIENTES

PAGOS

INGRESOS

CAMBIO

CAJA
1 2 3

COMPENSACION

GIROS Y TRANSFERENCIAS

DOMICILIACIONES

CREDITOS

a) — Oiga, puedo cobrar este cheque aquí, ¿verdad?
   • Sí. Ahí enfrente le atienden.
   — Gracias.

b) — Hola. ¿Para pagar la matrícula de la Universidad?
   • Sí, aquí. ¿Has rellenado el impreso?
   — Sí. Téngalo.
   • Fírmalo, por favor.

c) • ¿Me da un impreso?
  — ¿Reintegro o ingreso?
  • Para sacar dinero.
  — Reintegro, entonces.

d) • ¿Podría darme un cheque de ventanilla?
  — Un momento, por favor. ·

e) • Tendrán ustedes marcos, ¿verdad?
  — Sí. ¿Cuántos desea?

f) • ¿Me das el saldo de mi cuenta?
  — ¿Me dices el número?

g) • Buenos días.
  Quisiera pagar la luz y el gas a través de mi cuenta...
  — El segundo mostrador, a la izquierda.

h) — Línea 24 horas.
  • Buenas noches. ¿Puede tomar nota para enviarme un talona-
  rio de cheques a casa? Mi cuenta es...
  — ¿Me dice su código personal?

i) — Perdone. ¿Podría indicarme cuál es el número del cheque?
  • Desde luego. Aquí abajo.
  — Firmo por detrás, ¿no?
  • Eso es.

1. *Para leer y comprender*

a) **Lea los letreros de los mostradores del banco y anote las operaciones que, según usted, corresponden a cada uno, haciendo suposiciones: supongo que, me imagino que, yo diría que, creo que...**

b) **Después de leer los distintos diálogos,**

1. Anote las expresiones formales e informales que se utilizan para:

a)	pedir información	*d)*	verificar datos e información
b)	solicitar un servicio	*e)*	indicar situación exacta
c)	confirmar suposición	*f)*	fórmulas de cortesía

2. Indique el tipo de operación o servicio de cada uno de los diálogos y si son presenciales o por teléfono.

3. Trate de imaginar los gestos que acompañan a cada expresión oral.

c) **Explique el significado de los siguientes términos en el contexto dado y anote otras posibles acepciones:**

— matrícula

— impreso

— reintegro

— firma

— marco

— ventanilla

— saldo

— luz y gas

2. *Para hablar*

a) **Formule preguntas a sus compañeros acerca de las operaciones que corresponden a cada uno de los letreros del banco.**

b) **Comunique por gestos a sus compañeros las siguientes indicaciones:**

— Ahí enfrente le atienden

— Perdone... Oiga...

— Firme aquí, por favor

— Un momento

— Tenga

— Eso es. Perfecto

— No creo...

— Te llaman por teléfono

c) **En grupos: preparen los diálogos que corresponderían a los siguientes impresos**

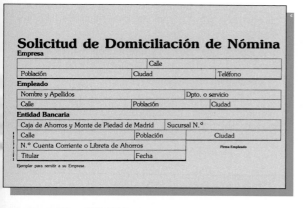

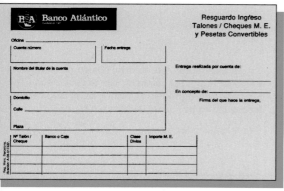

3. Para practicar

a) **Formule por escrito preguntas para solicitar servicios, ayuda o información:**

1. cobrar un cheque
2. comprar moneda extranjera
3. domiciliar el pago de sus gastos
4. solicitar un talonario de cheques
5. reclamar su extracto de cuenta
6. rellenar un impreso de reintegro: n.º de cuenta, cantidad, titular, firma y fecha.

b) **Conteste a las preguntas que ha formulado en el ejercicio anterior, utilizando las expresiones que ha anotado en el ejercicio 1.b.**

c) **Ha recibido estas cartas por fax. Indique el objeto de cada una.**

1

lugar y fecha

Banco (o Caja) _____

Agencia (o sucursal n.º) _____

Muy Sres. míos:

Ruego a ustedes que, a partir de esta fecha y hasta nuevo aviso, se sirvan pagar con cargo a mi cuenta corriente o libreta de ahorro n.º _____ los recibos de la Compañía de Gas/Electricidad/Telefónica de mi vivienda, situada en la calle _____ n.º ___ piso ___ , que figuran a mi nombre.

Aprovecho la ocasión para saludarles atentamente

(firma)

3

lugar y fecha

Banco _____

Sucursal _____

Muy Sres. míos:

Les ruego que a partir del próximo mes de _____ dejen de atender los recibos correspondientes a _____ , por haberme dado de baja del mismo.

Supongo que no los pasarán al cobro, pero ante la posibilidad de error, les ruego tomen nota de ello.

Reciban un cordial saludo.

(firma)

2

lugar y fecha

Banco _____

Sucursal _____

Muy Sres. míos:

Agradecería cancelasen mi cuenta corriente n.º ___ , traspasando el saldo que hay en ella a mi libreta de ahorro n.º ___ .

Atentamente

(firma)

4

lugar y fecha

Banco _____

Sucursal _____

Muy Sres. míos:

Agradecería que, de no disponer en mi cuenta corriente n.º _____ del dinero suficiente para efectuar algún pago domiciliado en la misma, se sirvan utilizar el depositado en mi cuenta de ahorro n.º _____ .

Atentamente les saluda

(firma)

d) **Escriba una redacción (250/300 palabras) sobre uno de los siguientes temas:**

— El ordenador en la banca.
— Banca a domicilio: sistemas de información telefónica y consulta por terminal de ordenador.

e) **Escribe en orden correcto las instrucciones para sacar dinero en un cajero automático, con la libreta:**

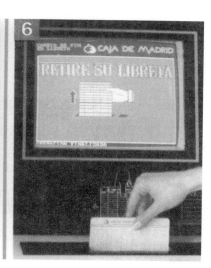

a) Recoger la libreta.
b) Recoger el dinero solicitado del dispensador.
c) Seleccionar la operación pulsando: Reintegro.
d) Teclear el número personal que le ha sido asignado.
e) Introducir la libreta con las anotaciones hacia usted.
f) Teclear la cantidad deseada y confirmar el importe que aparezca en la pantalla.

4. *Y para terminar*

EL CHEQUE

a) *Lea los textos e indique cuál corresponde a la definición de cheque, normativa vigente o tipos de cheques:*

1. La necesidad de adaptar la normativa española a la de otros países de la CEE, llevó a la promulgación de la Ley de Letras de Cambio, Pagarés y Cheques que entró en vigor el 1 de enero de 1986.

2. Los cheques pueden extenderse de cuatro formas: nominativo, nominativo cruzado, al portador y al portador cruzado.
   El nominativo a la orden lo cobra una persona determinada, previa presentación del DNI y firmando al dorso.
   El nominativo no a la orden, se paga a una persona determinada con cláusula «no a la orden».
   El cheque al portador lo puede cobrar cualquier persona por ventanilla.
   El cheque cruzado o barrado no puede cobrarse por ventanilla, sino a través de una cuenta bancaria.

3. Orden de pago dada por una persona física o jurídica (*librador*), por el que se autoriza a retirar en su provecho o en el de un tercero (*tomador o tenedor*) todos o parte de los fondos disponibles que posea en un banco o entidad crediticia (*librado*).

b) *Estudie el modelo de cheque y señale las partes correspondientes a:*

— tipo de cheque
— cantidad (en número y letra)
— n.º de cuenta

— fecha
— n.º de cheque
— firma

```
⊙ Central Hispano        0016/1471   3 5      0000071810

Banco Central Hispanoamericano, S.A.
ALCOBENDAS, ag. 2                    PTA  //18.113.-//
PASEO DE LA CHOPERA,1

Páguese por este cheque a     SINCRONIA
Pesetas         -Dieciocho mil ciento trece-

                      veintiuno      de     abril      de 19   93

Lugar de emisión y fecha en letra
Serie  ICN  N.º  0.960.662 3                SOCIEDA...
                                            DIARIO...

⑊0960662⑊0016⑊ 1471⑊ 0000071810⑊
```

c) *En esta sopa de letras encontrará algunos términos utilizados en esta unidad. Después de localizarlos, tradúzcalos a su idioma.*

```
B O C P D I Q F R G P H S J F K T L V
R M W N X Ñ N X O Q C H E Q U E Y P Z
E B Q C R Y S T R U D V O W J X D Y Ñ
I W G Z H J Z S E K R G L Ñ M K N C O
N P V G B I T B S R H Q I T N U R V B
T S T R A N S F E R E N C I A O W L X
E F Y G U G C H I A H S J P D K M N M
G Z N V O R P D N G C Q R A O Z S L T
R I W U T E T I F V B D N W Y Ñ N X K
O X R Ñ Y S M F C O R E F X T A L O N
Y K N O J O E Y S D D B W G Ñ W J M D
U Z G K N S Q U Z R O L H O H H N C L
M X B I D T F E O S Q G A F G I L K E
P L Ñ C J E Z D M V F P C S V B J L C
```

1

Cliente:	Por favor...
Empleada:	Dígame. ¿Qué desea?
Cliente:	Voy a tener que ir a varios países de Extremo Oriente y bueno... tengo varias tarjetas de crédito pero... desearía que me aconsejase la moneda más conveniente.
Empleada:	Yo le aconsejería que llevase cheques de viaje y, si acaso, algunos dólares para los pequeños gastos.
Cliente:	Ya... y... ¿No sería mejor llevar la moneda del país para evitar los riesgos del cambio?
Empleada:	Depende... porque algunas no cotizan aquí o no se pueden conseguir normalmente. Mientras que los cheques de viaje están reconocidos y se aceptan en cualquier parte del mundo. Son más cómodos para pagar en el hotel o en un restaurante...
Cliente:	Bueno, el hotel ya lo llevo pagado desde España.
Empleada:	Probablemente, tendrá que pagar algunos extras o le apetecerá hacer compras o ir a un espectáculo o excursión opcional. Además, son más seguros porque si los pierde o se los roban nadie los puede cobrar y hay un servicio de reembolso. De todas formas, también puede llevar dólares para los primeros gastos. Ya sabe, taxis o propinas...
Cliente:	De acuerdo. Entonces llevaré doscientos dólares en moneda pequeña y los cheques de viaje.
Empleada:	¿Qué cantidad desea?
Cliente:	Puedo llevar hasta 350.000, ¿verdad? ¡Ah! y otra cosa, si me sobran cheques los puedo devolver, ¿no?
Empleada:	Por supuesto.
Cliente:	Entonces... vamos a ver... Sí. Tres mil dólares en cheques de cien y, luego, trescientos dólares en billetes.

Empleada:	¿Me permite su pasaporte?	
	Y ahora, firme aquí, por favor.	
Cliente:	¡Hola!	
Empleado:	Buenos días.	
Cliente:	Para...	
Empleado:	¿Cambiar?	
Cliente:	¡Sí!	
Empleado:	¿Me deja su pasaporte?	
Cliente:	¿Cómo?	
Empleado:	Su pasaporte...	
Cliente:	¡Ah! ¡Sí!	
Empleado:	Cien dólares, ¿verdad?	
	Gracias. Firme aquí, por favor.	
Cliente	¿Me da algunos...? ¿Cómo se dice?	
	pocos... pequeños...	
Empleado:	¿Billetes pequeños o monedas?	
Cliente:	Pues... monedas.	
Empleado:	Aquí tiene, de 100 y de 500.	
Cliente:	Muchas gracias.	

2

EL PRECIO DEL ECU

(Valor del ECU en moneda nacional)	1991	1992
CHELIN AUSTRIACO	14,4309	14,4339
FRANCO BELGA	42,2233	42,4257
CORONA DANESA	7,90859	7,8562
MARCO FINES	5,00211	4,8549
FRANCO FRANCES	6,97332	6,9141
LIBRA ESTERLINA	0,701012	0,7138
MARCO ALEMAN	2,05076	2,052
DRACMA GRIEGO	225,216	201,412
LIBRA IRLANDESA	0,76781	0,7677
LIRA ITALIANA	1.533,24	1.521,98
FRANCO LUXEMB.	42,2233	424257
FLORIN HOLANDES	2,31098	2,3121
CORONA NORUEGA	8,017	7,9485
ESCUDO PORTUGUES	178,614	181,19
PESETA ESPAÑOLA	128,469	129,411
CORONA SUECA	7,47926	7,5205
FRANCO SUIZO	1,77245	1,7621
LIRA TURCA	5.153,29	3.329,06
DOLAR CANADIENSE	1,41981	1,4854
DOLAR USA	1,23916	1,2734
YEN JAPONES	166,493	183,66

1. Para leer y comprender

a) Confirme estas conclusiones:

— En el primer diálogo, el cliente:

	SI	NO
1. es extranjero...		
2. no está familiarizado con la operación		
3. desea comprar distintas monedas extranjeras		
4. acepta los argumentos de persuasión de la empleada		
5. confía en ella..		

— La empleada:

	SI	NO
6. conoce perfectamente la operación		
7. es agresiva		
8. es amable		
9. es persuasiva		
10. no menciona la comisión		

— En el segundo diálogo, el cliente:

	SI	NO
1. es extranjero y el empleado le ayuda a comunicarse		
2. habla muy bien español...................................		
3. no lleva documentación...................................		
4. desea cambio de monedas.................................		
5. cambia una cantidad importante		

b) *Anote las expresiones que se utilizan para:*

— pedir/dar consejo
— comprobar información
— pedir información lingüística

— persuadir
— ganar tiempo

c) *Reflexione sobre las diferencias entre cheque, cheque de viaje y papel moneda.*

2. Para hablar

a) *Resuma oralmente los argumentos que utiliza la empleada del banco a favor de los cheques de viaje y añada su opinión.*

b) *Por parejas: preparen un diálogo en el mostrador de cambio, entre un cliente y un empleado.*

Recuerden:

— *saludar*
— *preguntar la cantidad*
— *informar, etc...*

— *solicitar moneda/monedas*
— *preguntar la cotización*
— *preguntar el tipo de comisión*

c) *En grupos: formulen preguntas sobre las distintas monedas y su cotización. Por ejemplo:*

— ¿A cómo está el florín?
— ¿A cómo cotiza el franco?
— ¿El belga o el francés?
— ¿Qué cotización tiene hoy el...?
— ¿Me dices el cambio de...?
— ¿Comprar o vender?

3. Para practicar

a) *Escriba un diálogo acerca de cualquiera de las situaciones que se pueden dar en un banco.*

BILLETES DE BANCO

DIVISAS	Comprador — Pesetas	Vendedor — Pesetas
1 dólar EE.UU.:		
Billete grande	110,69	114,84
Billete pequeño	109,58	114,84
1 marco alemán	69,82	72,44
1 franco francés	20,64	21,41
1 libra esterlina	170,15	176,53
100 liras italianas	8,15	8,46
100 francos belgas y lux.	339,43	352,16
1 florín holandés	62,06	64,39
1 corona danesa	18,21	18,89
1 libra irlandesa	184,48	191,40
100 escudos portugueses	78,38	81,32
100 dracmas griegas	53,92	55,94
1 dolar candiense	88,67	92,00
1 franco suizo	77,68	80,59
100 yenes japoneses	90,01	93,39
1 corona sueca	18,57	19,27
1 corona noruega	17,16	17,80
1 marco finlandés	22,18	23,01
100 chelines austriacos	992,34	1.029,55
1 dólar australiano	77,44	80,34
1 dirham	10,46	10,87
100 francos CFA	41,14	42,74
1 cruceiro		No disponible
1 bolívar	1,03	1,08
100 pesos mexicanos	2,72	2,83
1 rial árabe saudita	27,90	28,99
1 dinar kuwaití		No disponible

b) *Exprese por escrito los argumentos para persuadir a un cliente para que:*

1. Lleve moneda del país al que va a viajar.
2. No cancele su cuenta.
3. Abra una supercuenta, de alta rentabilidad.
4. No invierta en Bolsa ahora.
5. Suscriba un Plan de Pensiones.
6. Utilice la tarjeta de crédito.

c) *Incluya en una frase estos términos:*

1. moneda fraccionaria
2. pequeños gastos
3. cotizar
4. extras
5. propinas
6. reembolso

d) *Complete el cuadro siguiente:*

	¿Qué dice?	¿Qué diría?	¿Qué ha dicho?
Desear			
Aconsejar			
Conseguir			
Llevar			
Robar			
Devolver			
Tener			

e) *Escriba el significado de estas abreviaturas:*

Bco:_____   dpto: _____
Cía: _____   efvo: _____
Com: _____   gtos:_____
c/c: _____   m/c: _____
cta/cte: _____   pl: _____

4. Y para terminar

a) *Relacione las abreviaturas con la unidad monetaria y el país correspondiente:*

1. DM
2. Pta
3. FB
4. DR
5. NF
6. £
7. Lit
8. Esc
9. KRD
10. Fl

a) Grecia
b) Holanda
c) Dinamarca
d) Italia
e) Portugal
f) España
g) Bélgica
h) Alemania
i) Francia
j) Reino Unido

1. peseta
2. florín
3. marco
4. franco belga
5. lira
6. escudo
7. corona
8. dracma
9. franco francés
10. libra esterlina

b) **Utilizando las cotizaciones del ejercicio 2.c., calcule cuántas pesetas le darían por:**

a) 230 dólares

b) 45.000 libras esterlinas

c) 3.000 chelines austriacos

d) 450 coronas suecas

e) 2.000.000 marcos alemanes

f) 5.000 yenes

c) **Concurso: Anote todas las monedas que pueda recordar y, a continuación, pregunte a sus compañeros en qué países circulan. Ganará el que tenga más nombres de países y mayor número de aciertos.**

C | TARJETAS DE CREDITO

A mediados de la década de los cincuenta, el Diner's Club inició la revolución mundial de los medios de pago al lanzar la tarjeta de plástico como forma de pago en los restaurantes de lujo de Nueva York.

En España, la invasión del dinero de plástico llegó en la década de los setenta, con la introducción de la tarjeta Visa y, en los años ochenta, con la de los grandes almacenes, como El Corte Inglés.

Posteriormente, las tarjetas comerciales reforzaron su posición y las de cajero o débito se impusieron definitivamente en el mercado, debido, en parte, a la utilización de cajeros automáticos. Sin embargo, el 75 % de los bienes duraderos que se compran en España se pagan al contado. No obstante, la financiación con tarjeta se incrementa o disminuye a medida que sube o baja el poder adquisitivo, ya que hay que tener en cuenta la comisión que se puede cobrar por pagar con tarjeta. Lo que, a veces, da lugar a reclamaciones.

En el argot «tarjetero», se suele hablar de pagos al contado con tarjeta, con tarjeta a fin de mes o financiado con tarjeta. Por otra parte, existe un amplio abanico de tarjetas con diversas funciones y que se han convertido en símbolo de alcurnia social.

En primer lugar, están las tarjetas de débito o cargo instantáneo, utilizadas en el cajero automático de los bancos —4B, Servired, Argentaria, Cajas Rurales y las de la banca extranjera o la Tarjeta 6000, de las Cajas de Ahorro—. En segundo lugar, tenemos las de fin de mes que cargan los saldos al cierre del mismo, sin abono de intereses. Pueden ser de emisor bancario —Visa, Eurocard y Mastercard— o comerciales —El Corte Inglés, Galerías Preciados o Cortefiel— y las llamadas de viaje y ocio —American Express y Diner's.

Finalmente, existen tarjetas de crédito —Bancaja— que se pueden utilizar en cajero automático y con la posibilidad de un crédito instrumentado por una póliza.

1. Para leer y comprender

a) *Subraye todos los términos que no conoce y trate de definirlos, de acuerdo con el contexto.*

b) *Conteste a las siguientes preguntas:*

1. ¿Cuál fue la primera tarjeta de crédito?
2. ¿Dónde podía utilizarse?
3. ¿Por qué revolucionó el mundo comercial?
4. ¿Cuándo se introdujo la tarjeta de crédito en España?
5. ¿Qué fue lo que permitió que se impusieran en el mercado español?
6. ¿Cuál es el perfil del usuario?
7. ¿Por qué dan lugar a reclamacioes?
8. ¿Cuántas clases de tarjetas existen?

c) *Exprese de otra manera:*

— a mediados de la década de los cincuenta.
— dinero de plástico.
— los bienes duraderos se pagan al contado.
— a medida que sube o baja el poder adquisitivo.
— en el argot «tarjetero».
— existe un amplio abanico de tarjetas.
— cargamos los saldos sin abono de intereses.
— posibilidades de crédito instrumentado por una póliza.

2. Para hablar

a) *Comente con sus compañeros el significado de las siguientes aseveraciones y, en algunos casos, relaciónelas con alguna tarjeta en particular.*

1. Los grandes almacenes se sitúan a la cabeza, por la utilización del dinero de plástico.

2. Plástico al contado.
3. El muestrario de tarjetas es una costumbre social. Se coleccionan las tarjetas aunque no se utilicen.
4. Somos la primera tarjeta del mundo.
5. El uso de las tarjetas de crédito constituye un peligro de endeudamiento para sus titulares.
6. Compre hoy y pague mañana: al teclear una clave, puede acceder a un crédito que le permitirá comprar cualquier artículo de consumo.

b) ***Por parejas: analicen los gráficos correspondientes al número de usuarios de tarjetas en España y dónde se usan. Comenten sus conclusiones respecto a:***

— número de usuarios de tarjetas de crédito/débito
— tarjetas con mayor/menor número de usuarios
— sectores de consumo y porcentaje
— otros detalles

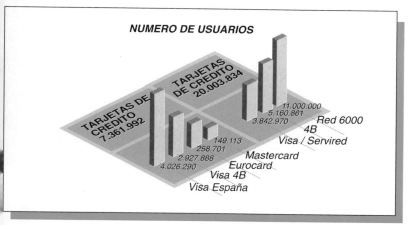

c) ***Por parejas: preparen la conversación telefónica entre un empleado y un usuario de tarjeta de crédito que presenta una reclamación por el cargo de una compra que no ha efectuado. El empleado deberá disculparse y dar explicaciones. Pueden utilizar:***

Cliente	*Empleado*
— el objeto de mi llamada es...	— lo siento mucho
— quisiera hacer una reclamación	— lamento la equivocación
— creo que ha habido un error	— le ruego nos disculpe
— siento tener que decirles	— se ha debido a ... porque ...
— quisiera que verificaran	— es que ...
	— espero que no vuelva a ocurrir
	— ha habido un error al teclear la clave

3. Para practicar

a) Cambie a pretérito indefinido el siguiente comentario:

«Las organizaciones de consumidores y usuarios de banca se han puesto alerta denunciado algunas prácticas comunes entre los emisores de tarjetas que se empeñan en extender sus redes a cualquier precio. Los representantes de los consumidores no dudan en reconocer las ventajas que ofrecen las tarjetas para su facilidad de uso y transporte, pero centran sus críticas en la falta de suficiente información al usuario, los altos tipos de interés que cobran las entidades y el riesgo que corren sus titulares de endeudarse por encima de su capacidad.»

b) Exponga, por escrito, sus razones a favor o en contra, para la utilización de cheques o de tarjetas de crédito/débito, etc.

c) Prepare sus disculpas o justificaciones para las siguientes quejas o reclamaciones:

1. Se ha confundido de apellido.
2. Has llegado con veinte minutos de retraso.
3. No me ha enviado todavía la tarjeta que le solicité hace quince días.
4. Ha colgado usted el teléfono a un cliente muy importante.
5. Se ha olvidado de firmar y sellar este documento.
6. No ha comprendido mi pregunta.

d) Analice la carta y anote los argumentos que se utilizan:

Estimado(a) cliente:

Usted aprovecha al máximo las posibilidades que le ofrece la Tarjeta CAJAMADRID y efectúa sus operaciones más habituales en los más de 12.000 Cajeros Automáticos que nuestra Caja pone a su disposición en toda España.

Porque sabemos que usted confía en su tarjeta como un medio de pago ágil y cómodo, queremos recordarle que ya no es necesario llevar dinero para realizar sus compras, porque la práctica totalidad de los establecimientos comerciales aceptan el pago con CAJAMADRID, desde mercados y boutiques hasta restaurantes o autopistas.

Tan rápido y fácil como operar en un Cajero Automático, de manera cómoda y segura, usted abona el importe de la operación realizada instantáneamente, en el lugar y momento de la compra.

Y todo, TOTALMENTE GRATIS.

Verá como muy pronto, usted podrá olvidarse del efectivo.

Y si desea comprar con toda la comodidad del mundo, ajustando los pagos a sus ingresos, las tarjetas de crédito de CAJA DE MADRID (Visa y Mastercard) están pensadas para usted.

Los empleados de CAJA DE MADRID le esperamos para ampliarle gustosamente esta información.

Un cordial saludo.

Departamento Comercial

4. Y para terminar

a) Estudie el cuadro de características de algunas de las tarjetas de crédito y coméntelo con sus compañeros:

	Amex	Diner's	Mastercard Eurocard	VISA 4B	ServiRed	4B	Red 6000
Cuota anual	8.000	8.300	1.250-2.000	1.250-1.750	1.250-1.750	Gratis	Gratis
Cuota suplementaria	4.800	11.700 (3 tarjetas)	300-500	300-500	300-500	Gratis	Gratis
Cuota afiliación	3.500	4.500	0	0	0	0	0
Seguro accidentes de viaje	60 millones	100 millones	20 millones	15-25 millones	10-20 millones	0	0
Seguro accidentes	0	1 millón	0	0	0	0	0
Seguro médico	No	1 millón	No	No	No	No	No
Reposición	24 horas	Inmediata	15-30 días	15-30 días	15-30 días	15-30 días	15-30 días
Límite de gastos	No	No	Sí	Sí	Sí	Saldo disponible	Saldo disponible
Número de cajeros	30.000	0	35.000	40.000	40.000	5.000 (4B y ServiRed)	N/A
Responsabilidad limitada	8.000 Ptas.	No	No	No 25.000 Ptas.	No	No	No
Establecimientos en España	68.000	50.000	327.000	327.000	327.000	40.000	N/A
Comisión extrato cajeros propios	3 % (mín. 300)	0	2 % (mín. 200)	2 % (mín. 200-	2 % (mín. 200) 250)	0	0
Comisión extrato otros cajeros	3 % (mín. 300)	0	4 % (mín. 400)	4 % (mín. 400)	4 % (mín. 400)	150-200 Ptas.	No se puede
Servicio 24 horas	Sí	Sí (línea 900)	Sí	Sí (el de Visa Esp.)	Sí (el de Visa Esp.)	No	No
Dinero de emergencia	Reps., hoteles, bancos, cajeros	5.900 puntos en el mundo	Cajeros y sucursales del banco emisor	Cajeros y sucursales bancos	Cajeros y sucursales bancos	Cajeros y en la cuenta del banco	Cajeros y en la cuenta del banco
Límites extracciones de cajeros en España	50.000 cada 7 días	100.000	Según banco emisor	25.000-50.000 al día	5.000-100.000 según banco	25.000 al día	50.000 al día
Límite extracciones de cajeros en el mundo	100.000 cada 21 días	100.000	Según banco emisor	100.000 al día, dentro del límite	100.000 al día, dentro del límite	Igual en Andorra, Portugal i Ru.	0

b) En grupos: diseñen una encuesta para enviar a los clientes del banco en el que trabajan con el fin de conocer su opinión y el grado de satisfacción sobre el servicio del banco:

— en general
— servicio de caja
— servicio brindado por los empleados
— incidencias o problemas

— información
— productos, en general
— un producto, en particular
— presentación de los extractos

El mercado de valores

| A | **LA REFORMA DEL MERCADO DE VALORES** |

III CICLO DE CONFERENCIAS.
HOY:
MERCADOS FINANCIEROS

El Mercado de Valores representa la vía para canalizar el ahorro privado hacia la inversión a largo plazo en los sectores productivos de la economía.

Durante muchos años el mercado de valores ha cumplido su función sin tener que cambiar su organización institucional, pero, desde comienzos de los años ochenta, los mercados de valores de los países desarrollados, se han visto obligados a realizar profundas reformas. Reformas ocasionadas por distintas razones y factores, de índole financiera o tecnológica.

La primera bolsa europea que adoptó una reforma radical fue la de Londres. Con el Big Bang de octubre de 1986 se rompió la barrera entre los *brokers* y los *jobbers* y se abrieron los mercados a la competencia, al autorizar a los bancos y otras entidades financieras a participar en el accionariado de empresas de valores, ya existentes, o constituir nuevas empresas.

Francia, en 1988, y España, en 1989, seguían el ejemplo británico.

Otro componente fundamental de la reforma ha sido la liberalización de las comisiones y la rebaja de los gravámenes sobre transacciones. Además, se han introducido sistemas de información y contratación asistidos por ordenador: el CAC en París y el SEAQ en Londres. En la Bolsa de Copenhague, un sistema integrado incorpora en un mismo proceso información, negociación, compensación y liquidación.

En 1984, se iniciaron en España los estudios para la reforma que culminaron con la elaboración de la Ley de Mercados de Valores de 1988. El objetivo fundamental de la reforma era dotar al mercado de valores de unas normas y estructuras de funcionamiento que permitiesen el cumplimiento de su función específica: canalizar el ahorro, con las garantías suficientes. Para ello, precisaba, en primer lugar, de la existencia de una industria de los valores que funcionase con criterios de profesionalidad y eficacia. En segundo lugar, tener códigos de conducta explícitos y estrictos que delimitasen el comportamiento y reglas de juego de los intervinientes en el mercado.

Finalmente, era necesario la existencia de un organismo supervisor con competencias precisas: la Comisión Nacional del Mercado de Valores cuyo organigrama podemos ver ahora:

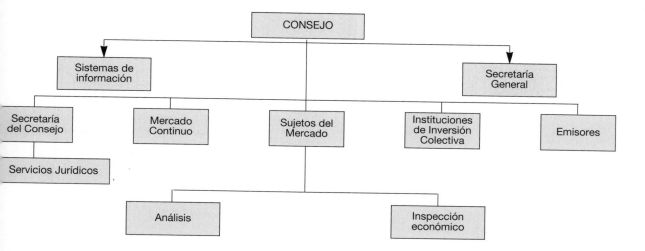

La función de cada una de estas divisiones está especificada en la fotocopia que se les ha repartido previamente.

Ahora, si desean hacerme alguna pregunta, estoy a su disposición.

1. *Para leer y comprender*

a) **Anote todas las palabras-clave del tema.**

b) **Después de leer el texto, por segunda vez, anote todo lo que dijo el conferenciante en relación con:**

— la función del Mercado de Valores
— la necesidad de realizar cambios
— los países que han realizado los cambios
— las distintas razones para la reforma

— consecuencias de esas reformas
— momento y objetivo de la reforma en España
— función de las divisiones del organismo de supervisión

ORGANIGRAMA DE LA COMISION NACIONAL DEL MERCADO DE VALORES		
	División	Funciones
CONSEJO	Comunicación	Relaciones con medios de comunicacion Publicaciones
	Secretaría General	Dirección administrativa Atención al público Documentación y Registros Oficiales
	Sistemas de información	Diseño, desarrollo e implantación de los sistemas de información de la Comisión Soporte, en materia informática, a la supervisión de los sistemas de información de los mercados y sus miembros
	Secretaría del Consejo y Serv. Jurídicos	Secretaria del Consejo y Comité Consultivo Asesoría jurídica de la Comisión
	Mercados Secundarios	Supervisión de comportamientos en los mercados Supervisión de negociación admisión de OPA'S
	Sujetos del Mercado	Control de solvencia financiera, liquidez y actividades de los miembros del mercado y otros intermediarios (Sociedades y Agencias de Valores) Autorización administrativa para la creación de Sociedades y Agencias de Valores.
	Instituciones de Inversión Colectiva	Control financiero y de actividad de las instituciones de inversión colectiva (fondos de inversión y sociedades de inversión) Autorización administrativa para la creación de instituciones de inversión colectiva.
	Emisores	Análisis de proyectos de emisión de valores y ofertas públicas de venta de valores, en mercado primario. Verificación del cumplimiento de requisitos para la admisión a negociación en Bolsa. Seguimiento de participaciones significativas en empresas cotizadas en Bolsa. Seguimiento financiero de empresas cotizadas en Bolsa.
	Análisis Económico	Análisis y estudios sobre el sistema financiero y, en particular los Mercados de Valores.
	Inspección	Investigación de comportamientos contrarios a la normativa del Mercado de Valores. Elaboración de expedientes sancionadores (CNMV)

c) **Relacione los términos siguientes con su definición:**

1.	inversión	*a)*	conjunto de accionistas de una sociedad
2.	broker	*b)*	cierre periódico de operaciones para entregar los títulos comprados o pagar las diferencias pendientes.
3.	jobber		
4.	accionariado	*c)*	operación para liquidar las compras y las ventas por medio de transferencias recíprocas, sin desplazamiento de títulos o dinero
5.	gravamen		
6.	transacción		
7.	compensación	*d)*	acuerdo comercial, especialmente de compra-venta
8.	liquidación	*e)*	adquisición de bienes de capital
		f)	intermediario en la Bolsa
		g)	intermedia en operaciones de compra-venta a corto plazo, especialmente de valores mobiliarios
		h)	tributo

2. Para hablar

a) *Acentúe las palabras siguientes, pronúncielas y forme una frase con ellas:*

via, canalizacion, inversiones, economia, indole, negociacion, codigo de conducta, supervision, competencia, mercado continuo

b) *Lea la conferencia una vez más y formule preguntas a sus compañeros para practicar el estilo indirecto.*

c) *Prepare una exposición oral sobre el Mercado de Valores en su país o en otros países. Puede grabarla, también. El resto del grupo toma notas y formula preguntas sobre cada una de las intervenciones.*

3. Para practicar

a) *Conteste por escrito a las preguntas que le han formulado sus compañeros en los ejercicios 2.b y c, utilizando el estilo indirecto.*

b) *Consulte la sección correspondiente de este libro, o en una gramática, los usos y diferencias entre el pretérito imperfecto/el indefinido y el perfecto y diseñe un cuadro sinóptico con ejemplos.*

c) *Estudie la organización del Mercado de Valores antes y después de la Ley de 1988 y escriba un breve resumen.*

ORGANIZACION INSTITUCIONAL DE LAS BOLSAS ANTES DE LA L.M.V.

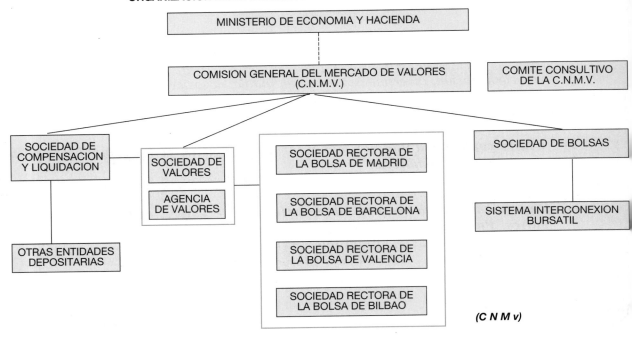

ORGANIZACION INSTITUCIONAL DE LAS BOLSAS DESPUES DE LA L.M.V.

(C N M v)

d) ***Lea el texto sobre el Mercado Continuo de Valores y complételo con los términos del recuadro:***

«Frente al tradicional mercado de corros, el _____ mercado continuo permite realizar _____ durante un plazo temporal dilatado, ejecutando las _____ de los clientes desde cualquier lugar.

Existen dos modelos de contratación continua _____ por ordenador:

• por órdenes: a cada valor corresponde un carné de _____ que centraliza todas las posiciones de _____ y _____ y de la confrontación de la demanda y de la oferta de cada momento resulta un _____ único.

Se utiliza en Nueva York, Tokio, Amsterdam, París, Milán, Bruselas y Toronto. En España es el _____ (Computer Assisted Trading System).

• por precios: distintos _____ marcan precios diferentes para un mismo _____ Las posiciones que marcan los agentes lo son a título indicativo. Se utiliza en la Bolsa de Londres y en el Nasdaq de Nueva York.»

> *agentes,*
> *asistida,*
> *operaciones,*
> *informatizado,*
> *CATS,*
> *valor,*
> *precio,*
> *órdenes,*
> *compra,*
> *venta*

e) ***Redacte una historia de las bolsas en el mundo e ilústrela con fotografías o material audiovisual.***

4. Y para terminar

a) Formule hipótesis sobre el contenido de los artículos, de la prensa especializada, a partir de los titulares, y coméntelos con sus compañeros:

1 El mercado bursátil atraviesa una etapa de profunda crisis de confianza

2 Entre 'brokers' anda el juego

3 Difícil cambio
El mercado continuo encuentra problemas para superar las tradiciones

4 Contra reloj
La nueva bolsa puede comenzar a rodar en la fecha fijada por la ley de reforma

5 Lo pequeño es bello
La Bolsa de Bilbao intenta implantar un mercado para las medianas empresas

b) Explique la configuración técnica del sistema utilizado para el Mercado Continuo:

CONFIGURACION TECNICA

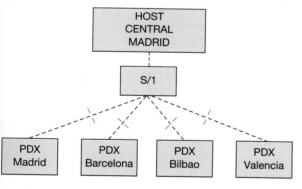

Instalación Madrid

El Host Central está compuesto por dos C.P.U.:

— COMPAREX 8/81 de 32 Megas de memoria y 7,5 Mips (millones de instrucciones por segundo)

— IBM 4381/23 de 16 Megas de memoria y 3 Mips.

En él reside el Software que sustenta el CATS.
Al Host está conectado un Front End de Comunicaciones (IMB Serie/1) del cual «cuelgan» 4 PDX (Procesador inteligente para las comunicaciones de datos), tres de ellas conectadas a una lína telefónica P.P. de 9.600 b.p.s. destinándose la cuarta PDX para «backup».

Instalación Barcelona/Bilbao/Valencia

Las líneas telefónicas se conectan a las PDX instaladas en Barcelona, Bilbao y Valencia una de ellas haciendo la función de «backup».

De las otras tres PDX salen las líneas telefónicas P.P de 9.600 b.p.s. con conexión a los Despachos de los Agentes de Cambio y Bolsa. Existe también una línea telefónica con Madrid de «bacukup» Iberpac X-25.

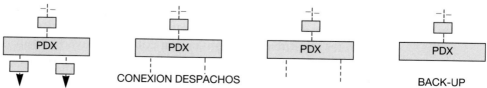

INTERFINANZAS ASESORES

Cliente: Como le adelantaba por teléfono, quisiera que me aconsejera sobre la mejor forma de invertir en valores porque ... no quisiera tener todos mis ahorros en cuentas bancarias.

Asesor: Vamos a ver ... Depende de las cantidades ... pero, para que pueda tomar una decisión, habrá que tener en cuenta tres criterios básicos: seguridad contra riesgo, rentabilidad y liquidez y ..., luego, naturalmente, las razones fiscales.

Cliente: Usted, ¿qué me recomendaría?

Asesor: Bien. Tenemos el mercado primario o de emisión y el secundario o de negociación. ¿Qué le interesaría. Títulos de renta fija o de renta variable?

Cliente: No estoy seguro...

Asesor: La renta fija (obligaciones) dan una cantidad predeterminada por el dinero invertido y le devuelven el capital al final del plazo convenido. Mientras que cada título de renta variable (acciones) representa una parte alícuota de la propiedad de la entidad. Nadie puede garantizarle un mínimo de rentabilidad, si bien el rendimiento anual dependerá de las variaciones del balance de la entidad. Es decir, ganará más si la sociedad emisora obtiene más beneficios pero, en caso de quiebra o de caída de las cotizaciones...

Cliente: Ya... Las obligaciones son un préstamo y las acciones son una participación en el capital de la sociedad.

Asesor: Exactamente.

Cliente: En cuanto a los Fondos Públicos...

Asesor: Tiene usted Deuda Pública: Letras del Tesoro, Pagarés, Bonos del Estado y Obligaciones. Además de otros emitidos por diferentes instituciones y organismos.

Cliente: ¿Y en qué consisten los Fondos de Inversión?

Asesor: Pues, aparte de la Bolsa y del segundo mercado de valores, existen las instituciones de inversión colectiva cuya función es captar recursos e invertirlos en activos financieros —Deuda Pública, obligaciones y títulos bursátiles—. Estas sociedades gestionan los recursos de sus inversores.

Cliente:	Ya veo... no acabo de decidirme.
Asesor:	Mire. Ley voy a dar una carpeta con toda esta información pormenorizada y con ejemplos, así como un impreso para una orden de compra y, si me lo permite, yo le recomendaría que...

1. Para leer y comprender

a) **Tome notas para resumir la conversación.**

b) **¿Podría decir de qué se está hablando?**

1. «Una inversión es rentable cuando el valor del activo que se compra es superior a su coste de adquisición. Cuanto mayor es la diferencia, o cuanto más rápidamente se produce en el tiempo, la inversión es más rentable.»
2. «Cuanto mayor sea el riesgo de mercado (disminución del precio de un activo por cambio de las condiciones económicas) que se esté dispuesto a asumir, mayor será la rentabilidad que el inversor pueda esperar en un mercado en alza, y mayor la pérdida que acumule en un mercado a la baja.»
3. «La mayor o menor capacidad para materializar una inversión en dinero, sin pérdida significativa de valor, mediante su venta en un plazo de tiempo lo más corto posible.»
4. «Es el patrimonio de múltiples ahorradores que, gestionado por un equipo de profesionales, permite obtener una rentabilidad con ventajas fiscales. Al invertir a través de participaciones, se determina la parte del fondo que le corresponde a usted.»

c) **Clasifique los términos y complete el cuadro, si es posible:**

	Nombre	Verbo	Adjetivo
Rentabilidad			
Financiero			
Ventaja fiscal			
Seguridad			
Bursátil			
Aconsejar			
Líquidez			
Alícuota			
Rendimiento			
Inversor			

2. *Para hablar*

a) *Por parejas: reflexionen sobre la conversación entre el cliente y el asesor y comenten, utilizando: si bien, aunque, a pesar de, etc.*

    1.   ¿Qué les ha parecido la actuación del asesor?: profesional, inexperto, despreocupado, preocupado, frío, amable, paciente, agresivo, etc.

    2.   ¿Cómo clasificaría al futuro inversor?: conservador, con poca capacidad de inversión, despreocupado, incómodo, seguro, angustiado, inseguro, con experiencia, etc.

b) *Estudie el cuadro de las diferencias entre acciones y obligaciones, buscando en un diccionario las palabras que no entienda y formule preguntas a sus compañeros para asegurarse.*

DIFERENCIAS ENTRE LAS ACCIONES Y LAS OBLIGACIONES	
ACCIONES	**OBLIGACIONES**
Son partes alícuotas del Capital social de una Sociedad Anónima	Son partes alícuotas de un préstamo que una Sociedad mercantil pide al público
Sólo pueden ser emitidas por Sociedades Anónimas	Pueden ser emitidas por cualquier Sociedad mercantil
El accionista es socio de la empresa que emite las acciones	El obligacionista no es socio de la empresa que emite las obligaciones
No nacen para ser amortizadas	Nacen para ser amortizadas
Dan derecho a una participación (dividendo activo), que variará según los resultados	Conceden normalmente un interés fijo, independientemente de los resultados de la Sociedad
Pueden emitirse «a la par» o «por encima de la par». Nunca «por debajo de la par»	Pueden emitirse «por debajo de la par», para atraer al público

c) *Por parejas: preparen una conversación sobre los fondos de inversión, entre un inversor y un asesor financiero, utilizando:*

— información mensual o trimestral
— liquidez
— diversificación de riesgo
— gestión profesional

— rentabilidad
— comodidad
— seguridad
— inversión mínima (100.000 ptas.)

3. *Para practicar*

a) *Complete la explicación sobre el valor de la cotización:*

Ejemplo: *Cuanto más oferta hay más baja el cambio*

1. Cuanta más demanda _____ subirá el cambio.
2. Cuanto más baja el precio:
a) _____ compradores aparecerán porque interesa comprar barato.
b) _____ vendedores irán quedando porque interesa vender caro.
3. Cuanto más sube el precio:
a) _____ vendedores irán apareciendo porque interesa vender caro.
b) _____ compradores irán quedando porque interesa comprar barato.

b) *Relacione las preguntas con las respuestas:*

1. ¿Qué es Fondtesoro?
2. ¿Qué ventajas me ofrece esta inversión?
3. ¿Podré recuperar mi dinero cuando quiera?
4. ¿Quién manejará mi dinero?
5. ¿Hay que tener mucho dinero?
6. ¿Estaré bien informado de cómo va mi dinero?

a) desde 10.000 a 50.000, y sin cobro de comisiones.
b) una sociedad elegida por el Tesoro Público.
c) seguridad, rentabilidad, liquidez y transparencia informativa.
d) siempre de forma clara y completa.
e) Fondos de Inversión del Tesoro Público.
f) en 24 horas.

c) *¿Cómo expresaría su consejo en estas situaciones?*

— La Bolsa está bajando cada vez más.
— ¿Invierto en renta fija o variable?
— ¿Qué me aconsejas acciones u obligaciones?
— ¿Está este título en alza?
— ¿Es mejor comprar cuando esté a la baja?
— ¿Qué sociedad de inversión me recomiendas?

d) *Complete el texto con los términos:*

real, contable, plusvalía, acciones, nominal, bursátil, liquidación.

El objetivo del proceso de compra-venta de un activo es obtener una _____ con la inversión realizada. El principal activo que se negocia son las _____ y éstas pueden tener distintos valores:

1. valor _____: el que figura impreso en el título.
2. valor de mercado o _____: la cotización en un momento determinado.
3. valor _____: el obtenido al dividir el patrimonio contable de una empresa por el número de sus acciones en circulación.

4. valor de _____: el obtenido al dividir el patrimonio de una empresa por el número de sus acciones en circulación.

5. valor _____: lo que valen realmente las acciones de una empresa.

4. Y para terminar

a) Estudie y comente con sus compañeros el ejemplo del funcionamiento de un fondo de inversión.

¿Qué indica cada columna?

1	2	3	4	5

a) Importe a incluir en la declaración del IRPF. ...

b) Intereses acumulados al final de cada año ....

c) Años de permanencia en el fondo ....

d) Aplicable a los reembolsos efectuados, si la inversión se ha mantenido más de dos años ...

e) Valor de la participación al final de cada año ....

— inversión inicial: 1.000.000 ptas.
— Tipo de interés anual: 11 %
— El año que decidas, retiras la totalidad de la inversión.

Situándote en la columna 2, verás en que se ha transformado tu millón si decidieras reembolsar tu inversión en ese año.

Año (1)	Capital obtenido (2)	Incremento de Patrimonio (3)	Coeficiente Reductor % (4)	Pts.	Plusvalía Fiscal (5)
0	1.000.000	—	0	0	—
1	1.110.000	110.000	0	0	110.000
2	1.232.100	232.100	7,14	16.572	21.528
3	1.367.631	367.631	14,28	52.498	315.133
4	1.518.070	518.070	21,42	110.971	407.099
5	1.685.057	685.057	28,58	195.653	489.404
6	1.870.413	870.413	35,70	310.738	559.675
7	2.076.158	1.076.158	42,84	461.026	615.131
8	2.304.535	1.304.535	49,98	652.007	652.528
9	2.558.033	1.558.033	57,12	889.949	668.084
10	2.839.416	1.839.416	64,26	1.182.009	657.407
11	3.151.751	2.151.751	71,40	1.536.351	615.400
12	3.498.443	2.498.443	78,54	1.962.278	536.165
13	3.883.271	2.883.271	85,68	2.470.387	412.884
14	4.310.430	3.310.430	92,82	3.036.742	273.668
15	4.784.577	3.784.577	100,00	3.784.577	0*

En la Bolsa de Valores se desarrollan operaciones de carácter contractual que pueden seguir dos modalidades de compra-venta: a plazo o en descubierto y al contado. En el caso del mercado bursátil español, los activos que se contratan son: acciones, derechos de suscripción de las ampliaciones de capital, warrants y obligaciones.

Sin embargo en otros mercados se pueden realizar operaciones en descubierto, dobles, con opciones, con contratos de futuro y opciones sobre divisas.

La contratación se lleva a cabo mediante determinados instrumentos bursátiles que dan fe de la compra-venta: órdenes, liquidaciones, títulos, pólizas, certificados de legitimaciones y vendís.

En la Bolsa de Valores española se negocia todos los días hábiles, de acuerdo con el calendario establecido por cada sociedad rectora y en dos mercados totalmente diferenciados: el salón de contratación —el tradicional parqué—, llamado también mercado de corros, y el mercado continuo o de contratación asistida por ordenador.

De las cuatro Bolsa que hay en España (Barcelona, Bilbao, Madrid y Valencia), la más importante y la más antigua es la de Madrid, creada por decreto en 1831.

Su salón de contratación está dividido en siete corros y cada valor tiene adjudicado diez minutos de contratación, con excepción de los bancos.

La sección bursátil empieza a las diez de la mañana y acaba a las doce y veinte; comenzando con los valores del sector del automóvil y los del transporte, después la renta fija, a continuación, las operaciones del segundo mercado y terminando con algunos valores de bancos comerciales e industriales. En cambio, el Sistema de Interconexión Bursátil —que representa el 86 % de las transacciones realizadas—, permite contratar a lo largo de varias horas, atendiendo de esta manera a las necesidades de los valores más cotizados.

1. Para leer y comprender

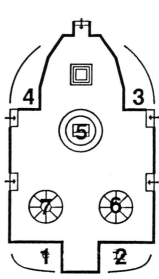

a) **Lea el texto atentamente y anote los datos correspondientes a:**

— formas de pago
— tipos de operaciones
— clases de documentos que acreditan la titularidad
— formas de contratación
— diferencias entre los dos mercados

b) **Resuma toda la información que ha leído de acuerdo con las siguientes preguntas:**

— ¿quiénes intervienen?
— ¿qué se compra y se vende?
— ¿cuándo y a qué horas?
— ¿dónde se opera?
— ¿de qué manera?

c) **Relacione los términos con las explicaciones:**

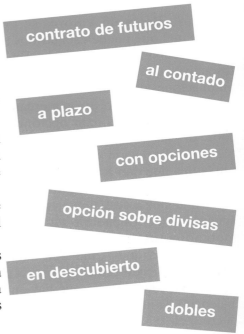

1. Contra el pago de valores se recibe, en la misma fecha, su titularidad y se formaliza la operación en documentos oficiales que la legitiman.
2. La entrega del activo y del dinero se realiza con posterioridad a la fecha del contrato.
3. Encadenan dos operaciones simultáneas de sentido contrario: a una compraventa actual se vincula una ventacompra futura, de los mismos activos y entre las mismas personas.
4. Se compra o se vende el derecho a adquirir un valor a un precio y en unas determinadas fechas.
5. Se compran o venden contratos que obligan a comprar o vender un activo en un precio determinado y en la fecha de expiración del contrato.
6. La opción de compra es un derecho a obtener una cantidad de divisas a un cambio y dentro de un plazo prefijados.

2. *Para hablar*

a) **Formule preguntas a sus compañeros, basándose en los ejercicios 1.a.b.c.**

b) **En el transcurso de una visita que ha efectuado a la Bolsa de Madrid ha podido grabar una sesión.**

1. Trate de descifrar la transcripción de los términos correspondientes a la jerga bursátil:

Las modalidades de contratación son: *viva voz, caja y subasta.*

Por ejemplo: *de viva voz*

¡Doy! ¡Tomo! ¡Hecho!

Por caja: *¡Compre 50 por lo mejor!*   *¡Compre 100, límite 820 %!*
           ¡Compre a 850 % alrededor! *¡Venda 100 y compre 70, orden ligada!*
           ¡Venda 2.000 cuidando!   *¡Al harán!*

Al final de la sesión quedó papel para … y dinero para …

2. Grabe las órdenes del ejercicio anterior

c) ***Por parejas: Preparen la conversación entre un agente de valores y un cliente que ha recibido la comunicación informatizada de su extracto de cuenta de valores y desea saber el significado de los epígrafes:***

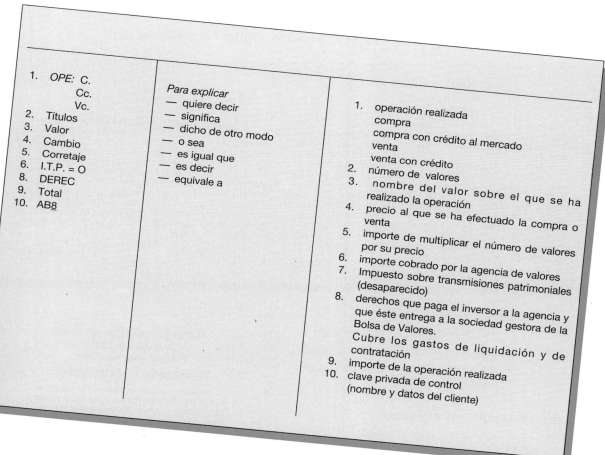

1. OPE: C.	Para explicar	1. operación realizada
Cc.	— quiere decir	compra
Vc.	— significa	compra con crédito al mercado
2. Títulos	— dicho de otro modo	venta
3. Valor	— o sea	venta con crédito
4. Cambio	— es igual que	2. número de valores
5. Corretaje	— es decir	3. nombre del valor sobre el que se ha realizado la operación
6. I.T.P. = O	— equivale a	4. precio al que se ha efectuado la compra o venta
8. DEREC		5. importe de multiplicar el número de valores por su precio
9. Total		6. importe cobrado por la agencia de valores
10. AB8		7. Impuesto sobre transmisiones patrimoniales (desaparecido)
		8. derechos que paga el inversor a la agencia y que éste entrega a la sociedad gestora de la Bolsa de Valores. Cubre los gastos de liquidación y de contratación
		9. importe de la operación realizada
		10. clave privada de control (nombre y datos del cliente)

Para practicar

a) ***Escriba palabras que tengan la misma raíz:***

— especular
— contractual
— legitimación
— interconexión

— transacción
— titularidad
— vincular
— caja

b) **La palabra «especulación» tiene connotaciones peyorativas. Un especulador puede ser una persona que actúa en la más completa ilegalidad ética. Pero especular es también saber adelantarse al futuro y la especulación financiera es necesaria, conveniente y una práctica legal. Por lo tanto, especule sobre el contenido de los siguientes titulares y dé su explicación por escrito:**

1. La inversión en futuros se mueve entre la cobertura y la especulación.
2. La emisión de bonos «matador» despierta el interés del inversor español.
3. Adictos al parqué. Muchas empresas no se han integrado en el Mercado continuo informatizado.
4. Los mercados de futuros de EE.UU. pierden terreno.
5. Cuatro maneras de invertir.
6. Los trescientos más rentables.

c) 1. Subraye todos los tiempos de pasado y explique las diferencias.

SEMANA BURSATIL
Bolsa de Madrid
280,44 (- 3,29)

El mercado de valores madrileño iniciaba la última semana con una jornada de fuertes retrocesos a consecuencia del índice de precios al consumo del mes de diciembre. La oferta dominaba con claridad, y el índice general sufría un importante revés, situándose claramente por debajo del 280 por 100. La sorpresa saltó en la jornada del martes con la reacción del grupo eléctrico que animó al resto de los sectores contratados, con la excepción de Endesa y Telefónica que acusaban los descensos de la sesión prcedente en Wall Street. El mercado lograba así recuperar la línea alcista, aunque el papel aparecía cuando los precios alcanzaban niveles altos. Al cierre de la sesión del jueves las posiciones eran irregulares tras la aparición de algunas realizaciones de beneficios.

(ABC)

Bolsa de Barcelona
102,15 (- 0,63)

El mercado catalán a punto de perder esta semana la cota del 100 por 100 en su índice general después de las fuertes correcciones que se sucedieron al inicio de la última semana bursátil. El IPC de diciembre afectó claramente a la baja, aunque con el transcurso de la semana aparecieron las primeras recuperaciones. Los bancos han vuelto a influir negativamente en el mercado, sin que hasta el momento las posiciones compradoras llegasen a dominar a las ofertas. Al cierre del jueves aparecían algunas ventas en busca de los beneficios que se han ido acumulando.

(El Independiente)

---

2. Indique otros contextos para los siguientes términos: mercado, retroceso, jornada, índice, cota, papel.

d) **Explique los anuncios:**

BANCO SANTANDER

Dividendo a las acciones

A partir del día 31 del corriente mes de octubre, este Banco pagará a sus acciones un dividendo a cuenta por los resultados del Ejercicio 1.992, cuyo importe unitario se indica a continuación:

Numeración de las acciones	Rendimiento íntegro Pesetas	Retención del 25 por ciento Pesetas	Importe líquido Pesetas
1 al 111.037.484	143,00	35,75	107,25
1 al 206.324 (SERIE ESPECIAL)	143,00	35,75	107,25
206.325 al 426.807 (IDEM)	95,72	23,93	71,79

El pago de expresado dividendo se efectuará en cualquiera de las Oficinas de este Banco Santander.

Santander, 14 de octubre de 1.992
El Presidente del Consejo de Administración.

Transformación de Acciones Ordinarias en Acciones Preferentes Sin Voto.
Resultado del Prorrateo.

Habiendo alcanzado las solicitudes de Transformación el 151% del límite máximo autorizado, el pasado 28 de Octubre se procedió al correspondiente Prorrateo, de acuerdo con las reglas aplicables contenidas en el Folleto registrado por la Comisión Nacional del Mercado de Valores, asignándose en primer lugar a cada accionista la transformación mínima de hasta 5 acciones, resultando después un coeficiente de prorrateo del 65,6857% para el tramo de solicitudes superiores a cinco acciones.

Lo que se hace público para conocimiento de los peticionarios de las referidas Acciones Preferentes Sin Voto Banco Guipuzcoano.

San Sebastián, 6 de Noviembre de 1992.
El Presidente del Consejo de Administración.

4. Y para terminar

a) ¿Qué es un **rating**? ¿Quién hace los **ratings**?

Estudie el cuadro y los símbolos
y dé su propia explicación.

	STANDARD & POOR'S	MOODY'S	CARACTERISTICAS
L A R G O P L A Z O	AAA	Aaa	Calidad óptima.
	AA + AA AA - A	Aa1 Aa2 Aa3 A	Alta calidad. Buena calidad.
	BBB + BBB BBB -	Baa1 Baa2 Baa3	Calidad satisfactoria, que disminuirá con un cambio de circunstancias.
	BB + BB BB -	Ba1 Ba2 Ba3	Moderada seguridad; mayor exposición frente a factores adversos.
	B + B B -	B1 B2 B3	Seguridad reducida mayor vulnerabilidad
	CCC	Caa	Vulnerabilidad identificada. Retrasos en pagos.
	CC	Ca	Pocas posibilidades de pago.
	C	C	Emisión con incumplimiento declarado
	D		
C O R T O P L A Z O	A-1* A-1	P-1	Alto grado de solvencia.
	A-2	P-2	Fuerte capacidad de pago.
	A-3	P-3	Capacidad satisfactoria. Elementos de vulnerabilidad.
	B C D	N-P	Capacidad de pago inferior a la de categorías anteriores.

(Entorno de Actualidad)

1. Cada alumno elige y anota cinco títulos diferentes (A).
2. El profesor, o un alumno, elige cinco títulos también de la «cartera de valores» del profesor y lee la cotización del día para esos títulos (B).
3. Gana el alumno que tenga más títulos que hayan subido en su cotización al cierre.

A

MERCADO CONTINUO (Cotización en pesetas)

Sociedad	Preced.	Apert.	Cierre	Diferen.	Máximo	Mínimo	Títulos
Acesa	1.150	1.140	1.115	-35	1.140	1.115	693.694
Acerinox	5.690	5.690	5.780	+90	5.780	5.650	16.416
Agromán	450	460	464	14	470	452	26.175
Aguas de Barcelona	2.545	2.500	2.580	+35	2.580	2.500	37.038
El Aguila	838	825	850	12	850	825	3.256
Alg. S. Antonio	200	200	200	=	200	195	2.900
Altos Hornos	38	38	36	-2	38	36	53.690
Ámper	189	194	190	1	195	190	6.881
Argón	2.920	2.920	2.910	-10	2.925	2.855	20.050
Asland	1.275	1.265	1.290	+15	1.295	1.250	137.475
Asturiana Zinc	1.800	1.840	1.835	+35	1.850	1.835	2.500
Aumar	1.275	1.245	1.275	=	1.290	1.245	43.341
C. Sanson	20.040	—	—	—	—	—	—
Azkoyen	2.260	2.510	2.550	=	2.550	2.510	350
Azucarera	2.550	162	165	3	165	161	7.000
Bami	162	4.515	4.510	-5	4.515	4.510	30.400
B. Alicante	4.515	8.430	8.400	=	8.450	8.400	925
B. Andalucía	8.400	2.610	2.620	+10	2.620	2.610	750
B. Atlántico	2.610	695	700	10	700	695	7.500
Barclays	690	2.505	2.525	+20	2.525	2.490	1.024.104
B. Bilbao Vizcaya	2.505	3.020	3.015	+15	3.025	2.985	90.141
B. Central Hispano	3.000						
B. Castilla	34.000						

B

MERCADO CONTINUO (Cotización en pesetas)

Sociedad	Preced.	Apert.	Cierre	Diferen.	Máximo	Mínimo	Títulos
B. Central Hispano	3.425	3.425	3.420	-5	3.425	3.400	153.160
B. Bilbao Vizcaya	2.850	2.805	2.820	-30	2.840	2.800	164.657
Barclays	700	700	700	=	700	690	1.507
B. Atlántico	2.860	2.855	2.860	=	2.860	2.855	2.580
B. Andalucía	9.900	9.810	9.890	-10	9.890	9.810	341
B. Alicante	4.900	4.890	4.910	+10	4.910	4.890	1.600
Bami	560	552	558	-2	558	550	6.850
Azucarera	4.740	4.700	4.700	-40	4.700	4.600	531
Azkoyen	2.775	2.700	2.740	-75	2.700	2.700	7.450
C. Sanson	9.400	—	—	—	—	—	—
Aumar	1.350	1.345	1.350	=	1.355	1.345	203.499
Asturiana Zinc	3.420	3.400	3.380	-40	3.400	3.320	2.460
Asland	2.075	2.065	2.085	+10	2.105	2.065	75.816
Argón	4.150	4.100	4.100	-50	4.100	4.100	50
Ámper	501	500	503	2	504	500	33.436
Altos Hornos	92	90	94	2	94	90	151.310
Alg. S. Antonio	530	520	540	10	540	510	15.600
El Aguila	1.340	1.320	1.370	+30	1.375	1.320	13.699
Aguas de Barcelona	3.800	3.860	3.800	=	3.860	3.770	14.814
Agromán	1.308	1.350	1.375	-5	1.380	1.350	99.232
Acerinox	6.970	6.910	6.870	-100	6.970	6.870	12.308
Acesa	1.230	1.230	1.235	+5	1.235	1.225	139.337

c)   *¿Qué son y en qué países se utilizan?*

DOW JONES	DAX
Standard and Poor's	C.A.C.
NIKKEI	AMEX
S.C.B.	NASDAQ
P.E.R.	Financial Times

8

Reuniones,
juntas
e informes

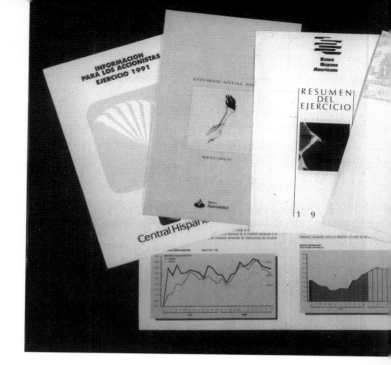

En el transcurso de la actividad de las entidades financieras se producen distintos tipos de actos —juntas, reuniones y conferencias—. Aunque a veces resulta difícil establecer la diferencia, las reuniones se pueden clasificar como formales e informales, dependiendo de los objetivos que se propongan y de los procedimientos que se sigan: cuál es la razón y el tipo de acto, los temas que se van a tratar, quiénes son los asistentes, cuándo y dónde van a celebrarse, así como la forma en que van a desarrollarse.

Para poder desenvolverse bien en una reunión, es preciso conocer y saber utilizar las expresiones correctas para dar comienzo a este acto, controlar o moderarlo, pedir o conceder la palabra, presentar o apoyar sugerencias o propuestas, sopesar puntos de vista, exponer opiniones, presentar alternativas, resumir los puntos tratados o dar por concluida una discusión, etc.

1. Estoy de acuerdo con ustedes pero...
   Suscribo su propuesta
   Coincidimos plenamente

2. Me opongo rotundamente
   En parte sí, pero...
   En líneas generales, estoy de acuerdo, no obstante...

3. Quisiera añadir...
   Si me permiten...
   Lamento interrumpir pero...

4. La razón principal es que...
   Con mi voto en contra porque...
   Estoy a favor ya que...

5. Me gustaría que nos expusiera...
   ¿Cuál es su punto de vista?
   Personalmente, creo...

6. Señoras y señores... Vamos a..
   ¿Empezamos?
   Deberíamos comenzar...

7. A continuación, tiene la palabra...
   ¿Es usted tan amable de...?
   El señor...

8. Como saben, esta reunión...
   Nos hemos reunido con el fin de...
   De acuerdo con el orden del día

9. Por tanto, la única solución...
   Tal vez deberíamos someterlo a votación
   Desde el punto de vista financiero...

10. Para terminar...
    En resumen, y antes de finalizar...
    Permítanme que les resuma...

1. Para leer y comprender

a) *Clasifique cada grupo de expresiones de acuerdo con las siguientes funciones:*

1. iniciar una reunión
2. concluir una reunión
3. exponer razones
4. manifestar apoyo o acuerdo
5. interrumpir
6. manifestar reservas, desacuerdo
7. pedir/dar opinión
8. sopesar puntos de vista/alternativas
9. ceder la palabra
10. señalar los objetivos

b) *Subraye las conjunciones adversativas y concesivas y anote su valor.*

c) *Reflexione y anote las expresiones que utiliza en su idioma para:*

— comenzar una reunión y clausurar un acto.
— moderar el turno de palabra
— exponer opiniones
— presentar alternativas

d) *Traduzca las expresiones del ejercicio anterior al español, manteniendo el registro formal e informal y los matices.*

2. Para hablar

a) *Relacione los términos utilizados en el procedimiento de las votaciones con las definiciones. A continuación, compruebe con su compañero.*

1. Cuando un miembro no vota.
2. Votación de viva voz (sí/no).
3. Votación en la que los miembros levantan la mano para expresar su voto.
4. Método por el cual se vota en una papeleta.
5. Cuando todos los miembros votan a favor de una opción y no hay abstenciones.
6. Método para conocer la opinión de una asamblea y llegar a una decisión.
7. Voto emitido por el presidente.

a mano alzada

voto de calidad

papeletas

aclamación

unanimidad

votación

abstención

b) **Por parejas: preparen una reunión de una entidad bancaria. Para ello, deberán decidir:**

— tipo de reunión: Junta de Accionistas   Reunión de negocios
                                 Consejo de Administración   Reunión con clientes
                                 Comité (sobre un problema) Reunión profesional
                                 Reunión de Departamento   Congreso
                                 Grupo de trabajo   Seminario
                                 Análisis de resultados   Jornadas profesionales

— objetivos

— preparación: tema, asistentes, fecha y lugar de celebración, documentación y material necesario para hacer presentaciones audiovisuales, etc.

— redactar la convocatoria

— redactar el orden del día

c) **Es posible que tengan algún problema para poder expresarse en español. En ese caso, formulen la pregunta a sus compañeros sobre la forma de exponer algo o la corrección lingüística.**

Por ejemplo

— ¿Cómo se dice...?
— ¿Está bien dicho.../escrito...?
— ¿Se puede decir...?
— ¿Cuál es el contrario de?
— ¿Cuál es la forma más correcta de dirigirse a...?

3. *Para practicar*

a) **Anote las expresiones que utilizaría en estos casos y, después, consulte en un diccionario:**

1. hacer una interrupción
2. iniciar un acto
3. ofrecer una alternativa
4. expresar su opinión
5. exponer sus razones a favor/en contra
6. pedir aclaraciones

b) **Explique por escrito el carácter de las siguientes reuniones:**

1. junta de accionistas
2. comité ejecutivo
3. reunión de trabajo
4. comité de empresa
5. análisis de resultados
6. reunión informativa

c)   **Una los términos que se utilizan en las reuniones, columna A, con la definición de la columna B:**

A

1. aplazar
2. enmienda
3. moción
4. normas de constitución
5. *quórum*
6. si procede
7. *sine die*
8. someterlo a votación

B

a)   Número mínimo de miembros que han de estar presentes para llevar a cabo un acto.

b)   Propuesta presentada en un acto por un ponente.

c)   Reglas establecidas por el grupo que organiza la reunión.

d)   Decidir continuar el acto otro día, o a otra hora.

e)   Modificación o alteración de una moción o artículo.

f)   Decidir una cuestión mediante el voto de los presentes.

g)   Se puede discutir si se trata de un tema de la reunión o dentro de su autoridad.

h)   Posponer una reunión sin determinar la fecha.

d)   **Conteste por escrito:**

1. ¿Quién tiene que asistir?
2. ¿Dónde se va a celebrar la junta?
3. Puntos del orden del día.
4. ¿Quién hace la convocatoria?
5. ¿Cuándo va a celebrarse?

Banco Saudí Español
(Saudesbank)

CONVOCATORIA JUNTA GENERAL
DE ACCIONISTAS

El Consejo de Administración acuerda convocar Junta general ordinaria de accionistas para el día 25 de junio de 1991, a las 12 horas, en primera convocatoria, y el día 26 de junio de 1991, a las 12 horas, en segunda convocatoria, en la sede social del Banco, y para ver y tratar de los siguientes puntos:
1.   Examen y aprobación, en su caso, de la gestión social, cuentas anuales, informe de gestión y aplicación de resultados, todo ello correspondientes al ejercicio 1990.
2.   Renovación estatutaria del Consejo.
3.   Aprobación, en su caso, de la modificación de la totalidad de los artículos de los Estatutos Sociales.
4.   La autorización expresa al Consejo de Administración para subsanar, regularizar, aclarar, armonizar y refundir los artículos de los Estatutos Sociales en el sentido que resulten de la autorización administrativa y de la calificación verbal o escrita del señor registrador mercantil, y, en general, para llevar a buen término las modificaciones estatutarias acordadas por la junta general extraordinaria.
5.   Ruegos y preguntas.
Fdo.: **El consejero secretario.—R.**

---

e)   **Establezca el orden correcto y el momento apropiado para hacer los preparativos de la reunión.**

	antes	reunión	después
1. redactar borrador del acta			
2. comprobar preparativos			
3. confirmar fecha			
4. tomar notas			
5. redactar y enviar orden del día			
6. enviar copia del acta			
7. preparar documentación para la reunión			
8. preparar libros de actas, informes, etc.			

4. Y para terminar

a) **Su jefe le ha pedido que le haga un informe sobre la teleconferencia. Lea los distintos aspectos y prepare una exposición oral. También, puede grabarla.**

Sistemas de Teleconferencia:
— audioconferencias: reuniones de hasta veinte personas
en distintos lugares
conexión por vía telefónica (escucha y micrófono)
— videoconferencia: comunicación entre personas situadas en distintos lugares,
en tiempo real
vía satélite o vía teléfonica
transmisión de imagen y sonido
permite intercambiar información gráfica y documental
instalaciones: sala con capacidad para cuatro monitores y para
recepción y emisión, equipo de videograph para
transmitir documentos, fax y teléfono.
ventajas: reunión colectiva entre varios países y personas
ahorro de costes (desplazamientos, hoteles, dietas, etc.)
ahorro de tiempo confidencialidad

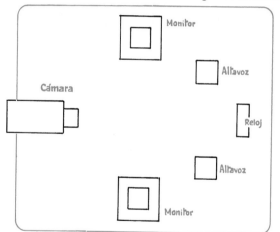

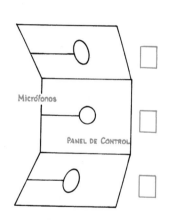

b) **En grupo: Después de una reunión de trabajo, tienen que llevar a cenar a unos colegas de un banco extranjero.**

1. Comenten con sus compañeros los siguientes aspectos y anoten las conclusiones:
    — hora y lugar de la cita
    — elección de traje y complementos
    — temas de conversación: cultural, deportes, el tiempo, la ciudad y sus monumentos, la familia, etc.
2. Estereotipos y diferencias culturales: describa sus opiniones sobre diferentes países, idiosincracia y cultura empresarial. Cuente alguna anécdota sobre este punto.
3. De acuerdo con sus conclusiones, elijan un restaurante y un espectáculo de su ciudad para ir con sus invitados.

Banco Hispano

Comunicación de convocatoria de Juntas
de Accionistas del Banco Hispano S. A.

Distinguido accionista:

Me complace enviarle Tarjeta de Asistencia para la **Junta General Extraordinaria de Accionistas** de este **Banco Hispano** del próximo mes de Marzo, que se celebrará en el lugar, fecha y hora que en la misma se señala y con el orden del día que en documento adjunto se establece.

Si no pudiera asistir a esta Junta General Extraordinaria y deseara otorgar su delegación, podrá hacerlo enviando la carta de delegación que figura anexa, en la que indicará el sentido de su voto sobre las propuestas del Consejo, a cuyo efecto ese documento contiene las instrucciones precisas para cumplimentar la citada delegación, que se ha diseñado de acuerdo con la nueva normativa legal.

Me permito significarle que de no figurar en la delegación el nombre de una persona determinada, el Consejo de Administración se ocupará de que sus acciones sean representadas y que se ejercite el derecho de voto de acuerdo con los deseos que manifieste en la delegación.

Todos los accionistas podrán examinar en el domicilio social de este Banco Hispano (Plaza de Europa, n.º 1, de Madrid), los documentos que a continuación se relacionan y pedir su entrega o envío gratuito delos mismos. Estos documentos son los siguientes:

- El texto íntegro de las modificaciones de estatutos propuestas y del informe escrito de los Administradores justificativo de las mismas.

- El informe de los Administradores y de los Auditores de Cuentas sobre las bases y modalidades de la conversión de las obligaciones a emitir como convertibles.

Asimismo, pongo en su conocimiento que el Consejo de Administración de este Banco ha convocado también **Junta General Ordinaria de Accionistas** para el 30 de junio de 1992, a las 12 horas, en la calle de Alcalá, n.º 10, Madrid.

Para asistir a la Junta General Ordinaria, deberá solicitar en la forma que le resulte más cómoda la tarjeta correspondiente de asistencia al Servicio de Accionistas del Banco Hispano, S. A. en Plaza de Europa, n.º 1, Madrid (28010).

También podrá delegar la representación de sus acciones para esa Junta General Ordinaria si manifiesta que ese es su deseo y suscribe el mandato correspondiente que le sería enviado a petición suya.

A partir de este momento, podrá obtener de forma inmediata y gratuita copia de los documentos que han de ser sometidos a la aprobación de la Junta General Ordinaria y el informe de Auditores de Cuentas. Sólo tendrá que contactar con el Servicio de Acciones de este Banco y será complacido.

Banco Hispano S. A.
Secretario General

1. Para leer y comprender

a) Tome nota para responder:

— tipo de comunicación
— domicilio social y entidad responsable
— tipo de reunión
— fecha de celebración
— condiciones de asistencia o no
— orden del día
— otros aspectos

**Orden del Día de la Junta General
Ordinaria de Junio de 1992**

1.º Aprobación, en su caso, de las cuentas anuales del ejercicio 1991, así como de la gestión social durante el referido ejercicio.

2.º Aplicación de los resultados del ejercicio 1991.

3.º Nombramiento de Auditores de Cuentas.

4.º Renovación estatutaria del Consejo.

5.º Aprobación, en su caso, del acta de la junta.

b) **Busque expresiones en el texto que puedan ser sustituidas por las siguientes:**

1. tenemos el gusto de adjuntarle
2. tendrá lugar
3. adjunta
4. redactado según
5. debo recordarle
6. firma el documento correspondiente

c) **Explique, con ayuda de un diccionario:**

— tarjeta de asistencia
— delegación
— normativa legal
— modificación de estatutos

— auditores de cuentas
— convertibles
— dorso
— Servicio de Acciones

2. Para hablar

a) **Por parejas: Dicte a su compañero la primera parte de la comunicación de convocatoria y, a continuación, tome al dictado la segunda parte.**

b) **En grupo: formulen preguntas sobre el contenido de la carta, haciendo hincapié en los aspectos que recogen los derechos de los accionistas:**

— asistir a Juntas Generales
— votar
— recibir información anual
— participar proporcionalmente en los beneficios
— derecho preferente de suscripción, en caso de ampliación de capital

Madrid, abril de 1992

Distinguido accionista:

Me es grato poner en su conocimiento que el Consejo de Administración de este Banco, en su reunión del día 26 de marzo último, ha acordado convocar Junta General Ordinaria de Accionistas, a celebrar el viernes, día 24 de abril actual, a las 12,00 horas, en primera convocatoria, o el sábado, día 25 de dicho mes, a la misma hora, en segunda convocatoria, en el Pabellón X (Palacio de Cristal) de la Casa de Campo de Madrid. Tal convocatoria se publica, además de en diversos periódicos de difusión nacional, en el Boletín Oficial del Registro Mercantil.

Si usted es titular de 20 o más acciones, la tarjeta que se acompaña es válida para poder asistir a la Asamblea o delegar su representación. Si es titular de menos de 20 acciones, siguiendo las instrucciones recogidas en la tarjeta que recibe puede efectuar, si lo desea, la agrupación con otros accionistas, hasta alcanzar, como mínimo, tal cifra. En uno u otro caso, al dorso de ellas figura el Orden del Día de la convocatoria.

Con motivo de la celebración de la Junta aludida, a los accionistas cuyas acciones estén presentes o representadas en la misma, se les hará entrega de un obsequio.

Si usted no puede asistir a la Asamblea y desea que nos ocupemos de que sus acciones estén representadas en tal acto, le rogamos entregue la tarjeta, firmando la delegación que figura al dorso (o la solicitud de agrupación) en la Oficina del Banco Central Hispanoamericano, S.A. más próxima a su domicilio, en donde le será entregado el correspondiente obsequio.

A los accionistas que asistan personalmente, se les entregará el obsequio en la propia Junta.

Existe gran probabilidad de que esta Junta se celebre en segunda convocatoria, el día 25 de abril de 1992, lo que se pondrá en conocimiento de los señores accionistas oportunamente, mediante anuncio en la prensa, en la forma habitual.

Esperando sus gratas instrucciones, le saludamos cordialmente, *c)* **Por parejas: preparen la conversación telefónica para felicitar a un amigo por su nombramiento de Director General. Pueden utilizar:**

— Quiero expresarte mi más sincera felicitación.
— Te felicito por...
— Acabo de enterarme y...
— ¡Enhorabuena! Te lo merecías.
— Me alegro muchísimo, chico.
— Tenemos que celebrarlo.

— Muchas gracias
— Pues mira, no sé...
— No exageres
— ¡Hombre claro!

3. Para practicar

a) **Establezca las condiciones siguiendo los ejemplos:**

- *Si desea ser representado*
  $\left\{ \begin{array}{l} \textit{comuniquenoslo} \\ \textit{nosotros nos encargaremos} \\ \textit{nosotros le representaremos} \end{array} \right.$

- *En el caso de que no pudiera asistir*
  $\left\{ \begin{array}{l} \textit{se lo diría} \\ \textit{¿podría votar por correo?} \\ \textit{le enviaría una nota} \end{array} \right.$

1. cenar con un cliente
2. redactar el acta de una reunión
3. apoyar su propuesta
4. celebrarse un acto
5. enviar un fax
6. leer la convocatoria

b) **Redacte el acta de una reunión, teniendo en cuenta:**

1. título de la reunión, fecha, hora y lugar
2. lista de los presentes, incluyendo el cargo
3. disculpar ausencias (motivos: enfermedad, viajes, desgracia familiar)
4. lectura y aprobación, si procede del acta anterior
5. / 6. asuntos pendientes/informes
7. / 8. puntos del orden del día
9. propuestas (fecha próxima reunión, sugerencias, etc.)
10. ruegos y preguntas.

c) **Exprésese por escrito exactamente lo que se dijo en la reunión (estilo directo):**

El Presidente del Banco Central
1. pidió ayer apoyo a los accionistas para lograr la fusión con el B.H.A.

2. reconoció que la entidad ha tenido que crear un fondo de 33.000 millones de pesetas.
3. opinó que algunas cosas tenían una fácil solución
4. anunció que dejará el banco el 31 de diciembre
5. recalcó que la fusión no se había acordado por presión de nadie
6. destacó que esta operación colocará al nuevo banco en una posición destacada

d) **Traduzca a su idioma la carta de felicitación que ha recibido de un colega español con motivo de su ascenso en el banco. A continuación, escriba en español la contestación dándole las gracias.**

Estimado amigo:

Le escribo para hacerle llegar mi más sincera felicitación por su reciente nombramiento.

Me alegro enormemente de que todos sus esfuerzos e iniciativas hayan sido reconocidos y confío en poder seguir colaborando estrechamente con usted, como lo hemos venido haciendo hasta la fecha.

Reciba un cordial saludo.

e) **Un amigo suyo español ha tenido una desgracia familiar, redacte y envíe un fax dándole el pésame. Puede utilizar las siguientes fórmulas:**

— lamento sinceramente la noticia del fallecimiento de...
— mi más sentido pésame por el fallecimiento...
— recibe mi más sentido pésame
— deseo manifestarte mi sincera condolencia en un momento de tan hondo dolor

4. Y para terminar

a) **Escriba una lista de verbos que, en su idioma, expresen aspectos de la comunicación oral y gestual. A continuación, trate de expresar lo mismo en español, sin olvidar los matices propios de cada uno, y comente con sus compañeros las diferencias de expresión gestual.**

b) ***Lea los puntos del discurso, anotando en dos columnas los relativos a los acontecimientos mundiales y los relacionados con los datos de la entidad bancaria.***

1. Elabore un breve resumen sobre el ejercicio de la entidad bancaria.
2. Comente con sus compañeros los acontecimientos que se mencionan en el discurso.

EL EJERCICIO 1991 DEL BANCO GUIPUZCOANO ES NOTICIA

JUNTA GENERAL DE ACCIONISTAS

REFERENCIAS MAS DESTACADAS EN LA INTERVENCION DEL SR. AGUIRRE GONZALEZ

Del discurso del Sr. Presidente

— Satisfacción por el beneficio, antes de Impuestos, obtenido de **5.023 M.** lo que representa una mejora del **10,2 %**, sin recurrir a los atípicos que suponen un **9,8 %** del beneficio Total.

— Espectacular crecimiento del Beneficio, después de Impuestos, que ha ascendido a un **43,5 %.**

— Propuesta de aprobación de un dividendo de **200 pts. brutas** por acción. Habiendo ya repartido a cuenta **80 pts.**, las **120 pts.** restantes se harán efectivas el 10.3.92. En el año 1990, el dividendo fue de **185 pts.**

— Prima de asistencia a la Junta General de **5 pts.** por acción.

— El Banco Guipuzcoano ha creado una Entidad de Prevención Social Voluntaria para sus empleados residentes en el País Vasco.

— Los flujos económicos están cada día más globalizados a escala mundial, y no se debe hablar de la situación española sin hacer mención a los sucesos de otros países.

— La economía soviética se ha hundido en 1991, y la situación se deteriora.

— Alemania ha conseguido la unidad de forma pacífica, como dato positivo.

— El futuro se presenta prometedor si en el Este se establece el nuevo capitalismo que se practica en Centro Europa.

— Hispano América es un campo con futuro para Europa, y España tiene ventaja competitiva respecto al resto de países.

— El pesimismo es el factor que más prolifera en Estados Unidos, y este pesimismo lo han exportado al resto de países.

— Tenemos el peligro de que la obsesión por Europa nos distraiga y olvidemos que el Mundo es mucho mayor.

— Una encuesta entre industriales guipuzcoanos refleja que el año 1991 ha sido peor de lo que esperaban. El 80 % ha seguido haciendo inversiones nuevas para mejorar la calidad y la competitividad. Se sigue detectando honda preocupación por el inmediato futuro.

— Estamos inmersos en una revolución bancaria que puede resumirse con una palabra: **Cambio.**

— El grado de solvencia es tanto o más importante que el tamaño. En este sentido el Banco Guipuzcoano ha desarrollado un gran esfuerzo por incrementar sus fondos propios.

— IBCA ha repetido su calificación del Banco Guipuzcoano, resultando un *rating* muy favorable comparativamente con otras entidades.

— El Banco se ratifica con estos hechos en su línea de **independencia refrendada unánimemente por el consejo,** porque pensamos que se puede tener éxito siendo un Banco mediano.

— Es una satisfacción, que un año más, el nivel de asistencia a la junta haya sido tan amplio, siendo este año del **82,7 %**, representación delegada prácticamente en su totalidad al Consejo.

— Las grandes preocupaciones del Banco para el año 1992 y siguientes se centran en la morosidad, el estrechamiento de los márgenes, habiéndose implantado medidas en el Banco para encarar eficazmente estos problemas.

— La calidad de servicio, así como una gestión eficaz, hechos que no vienen garantizados por el tamaño, son objetivos prioritarios; porque hoy, hacerlo bien, no es suficiente.

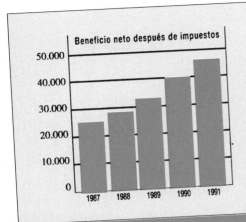

Beneficio neto después de impuestos

Principales resultados del Ejercicio.

- **Evolución de los Activos Totales.**

    Desde el año 1987, los Activos Totales han crecido más del doble. En 1991 alcanzan los 6 billones 849.725 millones de pesetas. El incremento ha sido de 1 billón 778.402 millones de pesetas, lo que supone un crecimiento del 35,07 % respecto a 1990.

- **Beneficio Neto después de Impuestos**

    El Beneficio Neto después de Impuestos se ha situado en 1991 en 45.568 millones de pesetas, lo que representa un crecimiento del 14,30 % respecto al año anterior y es casi el doble si se compara con el obtenido en 1987.

A

EURFONDO

59,21%

Renta Fija Española

1,62%

Tesorería

6,91%

Renta Variable Española

10,36%

Renta Variable Europea

Renta Fija Italiana

**INFORME TRIMESTRAL
30 SEPTIEMBRE 1991**

INFORME DE GESTION

Durante el tercer trimestre de este año se ha terminado por definir EURFONDO como Fondo de Inversión con un patrimonio importante. En ese período, la Bolsa ha finalizado con un comportamiento ligeramente alcista, mientras que la Renta Fija ha sufrido muchas oscilaciones aunque finaliza ofreciendo unas rentabilidades superiores a las existentes al 30 de junio.

La política seguida ha sido de mucha prudencia durante julio y agosto, ya que lo que se ha pretendido es conseguir la consolidación del Fondo y, por ello, una gran parte del patrimonio ha permanecido invertida en letras a un día a la espera de perspectivas más seguras.

Durante el mes de septiembre, coincidiendo con una mayor clarificación del mercado de Renta Fija y una Bolsa mucho más estable después de los acontecimientos vividos en la Unión Soviética se ha optado por:

- Incrementar plazo en Renta Fija.
- Realizar ligeras compras de Renta Variable en España.
- Aumentar significativamente el volumen de compras de Renta Variable en Europa y de Renta Fija en Italia.

Para el cuarto trimestre se va a continuar con la política iniciada en septiembre de tal forma que si las circunstancias son propicias se reducirá el porcentaje invertido a un día y EURFONDO adquirirá una forma definitiva de Fondo Mixto, aunque con un peso bastante superior en Renta Fija que en Renta Variable, por el momento a la espera de que la Renta Variable española adquiera una mayor consistencia.

B

BALANCE DE SITUACION (Millones de pesetas)	1990	1989	% Var. 90/89	1988
ACTIVO				
Caja y Banco de España	73.067	238.148	-69,3	215.380
Activos monetarios	310.579	166.696	86,3	161.841
Intermediarios financieros	862.989	738.556	16,8	508.939
• Pesetas	405.965	380.633	6,7	191.717
• Moneda extranjera	457.024	357.923	27,7	317.222
Inversiones crediticias (neto)	1.720.352	1.499.014	14,8	1.340.544
• Pesetas	1.619.029	1.428.528	13,3	1.238.916
• Moneda extranjera	148.897	120.654	23,4	158.124
• A deducir: Fondos de insolvencia	-47.574	-50.168	-5,2	-56.496
Cartera de valores	231.454	219.607	5,4	221.760
• Fondos públicos	51.432	46.468	10,7	47.085
• Renta fija	80.380	95.130	-15,5	117.752
• Renta variable	99.642	78.009	27,7	56.923
Inmovilizado	52.249	50.679	3,1	50.609
Cuentas diversas	105.849	84.579	25,1	53.723
TOTAL ACTIVO	3.356.539	2.997.279	12,0	2.552.796
PASIVO				
Capital	45.697	41.925	9,0	41.483
Reservas	132.141	106.494	24,1	97.189
Financiaciones subordinadas	71.717	45.363	58,1	45.483
Banco de España	147.588	171.227	-13,8	
Intermedarios financieros	817.454	656.543	24,5	633.672
• Pesetas	317.713	334.772	-5,1	346.481
• Moneda extranjera	499.741	321.771	55,3	287.191
Acreedores	1.936.971	1.785.896	8,5	1.603.918
• Pesetas	1.784.059	1.617.129	10,3	1.457.194
• Moneda extranjera	152.912	168.767	-9,4	146.724
Empréstitos	8.849	15.249	-42,0	15.260
Otras obligaciones a pagar	35.747	35.760	—	21.501
Cuentas diversas	129.417	108.515	19,3	66.360
Beneficio neto del ejercicio	30.958	30.307	2,1	27.930
TOTAL PASIVO	3.356.539	2.997.279	12,0	2.552.796

1.   Para leer y comprender

a)   Explique el significado de:

1. ejercicio
2. beneficio neto después de impuestos
3. informe de gestión
4. balance de situación
5. fondos de insolvencias
6. reservas

b)   Elija la opción correcta:

El ejercicio del banco ha sido brillante porque

1. *a)*   este año ha credido el doble
    b)   los activos han crecido el doble
    c)   ha tenido un credimiento del 35,07 %

2. El beneficio
    a)   bruto es más de 45.000 millones de pesetas
    b)   neto después de impuestos es del 14,30 %
    c)   neto después de impuestos es casi el doble en relación con el ejercicio de hace cuatro años

B Según el Informe de Gestión,

1. Eurofondo está compuesto de
   a) renta fija española y extranjer
   b) renta fija variable española y extranjera
   c) renta fija y variable española y extranjera y tesorería

2. En el tercer trimestre, la Bolsa
   a) ha tenido oscilaciones
   b) se ha mantenido ligeramente al alza
   c) ha dado una rentabilidad superior

3. En el último trimestre del año se va a
   a) reducir el volumen en renta variable
   b) comprar renta variable europea
   c) seguir la política iniciada en el tercer trimestre

C De acuerdo con el Balance de situación

1. El activo total del banco este año
   a) es de 3.356.539
   b) asciende a 2.997.279
   c) asciende a 3.563.539

2. Las variaciones principales del activo corresponden a
   a) los empréstitos
   b) las financiaciones subordinadas
   c) las inversiones crediticias

3. El activo representa
   a) los bienes y derechos que posee la empresa frente a terceros
   b) los deberes hacia terceros
   c) los deberes hacia la empresa

c) *Subraye todos los verbos y expresiones que indiquen cambio y, a continuación, complete el cuadro:*

	Sinónimos	Tendencia (↑ ↓ →)	Antónimo	Traducción
1.				
2.				
3.				
4.				
5.				
6.				
... .				

2. *Para hablar*

a) *Reflexione sobre las formas de cambio y explíquelas mediante una frase o ejemplo:*

— dramáticamente
— ligeramente
— lentamente
— gradualmente
— bruscamente

— paralelamente
— repentinamente
— firmemente
— súbitamente
— inmediatamente

b) *Por parejas: elija uno de los informes (A, B, C) para explicarlo a su compañero, utilizando:*

según, de acuerdo con, por lo que se refiere a, en cuanto a, respecto a, etc.

c) *Para presentar la información sobre una empresa, además de los informes orales y escritos, se pueden utilizar representaciones gráficas o visuales. En grupos: comenten las diferencias entre los gráficos A y B, del apartado 1, y los que se presentan a continuación:*

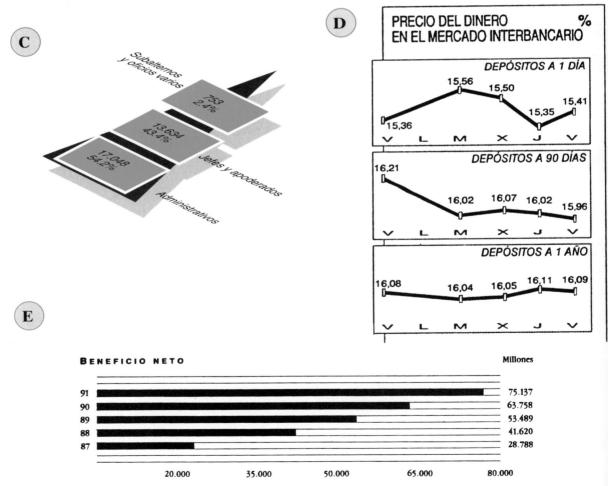

3. *Para practicar*

a) *Lea atentamente los datos de los bancos siguientes y elabore un informe comparativo que vaya acompañado de un gráfico.*

1 Los beneficios antes de impuestos del banco han sido de 9.540 millones de pesetas, un 25 por ciento más que en el primer trimestre del año anterior. Como grupo consolidado, obtuvo unos beneficios antes de impuestos de 18.803 millones de pesetas con un 31,81 por ciento de aumento, y un *cash flow* de 32.210 millones de pesetas (aumento del 16,28 por ciento), mientras que sus amortizaciones descendieron 0,2 puntos hasta situarse en los 13.407 millones.

2 Aunque su beneficio antes de impuestos ha sido de 12.821 millones de pesetas, un 20,3 por ciento más que en el 88, el *cash flow* del banco ha descendido un 14 por ciento con respecto al de los tres primeros meses de 1988, hasta situarse en los 15.919 millones. Las amortizaciones y provisiones descendieron sólo 26,24 puntos al añadirse 2.680 millones de «*recuperados*», sumando un total de 5.778 millones.

3 El beneficio antes de impuestos del banco se eleva hasta los 19.416 millones de pesetas, lo que supone un aumento del 18,8 por ciento con respecto a la suma de los beneficios logrados por las dos instituciones fusionadas en el BBV durante el mismo período del año pasado. Los recursos generados por la entidad, una vez realizados los saneamientos crediticios, fueron de 33.325 millones de pesetas, un 28 por ciento más que en el ejercicio anterior.

b) *Escriba de otra manera*

1. Nuestro grupo ha seguido incrementando su cuota de mercado.
2. Mantiene una posición de liderazgo.
3. La inversión experimentó un incremento del 11,3 %.
4. El importe del dividendo se ve aumentado hasta 290 pesetas por acción.
5. Han reducido su deuda en un 20 %.
6. La Bolsa muestra una tendencia a la baja.

c) *Relacione cada uno de los tipos de representación visual con la explicación apropiada y anote a cuál corresponde cada uno de los gráficos de esta unidad (A, B, C, D, E).*

Gráficos de:

1. línea	*a)*	conceptos
2. Gantt	*b)*	situación actual en comparación con otra anterior
3. tarta	*c)*	comparar diferentes escalas de tiempo
4. barras	*d)*	tendencias en una escala de tiempo
5. diagrama	*e)*	proporciones

d) *Estudie los gráficos y señale las diferencias, en cuanto a la representación visual y las proporciones.*

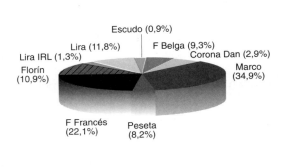

(ECU, 1990)

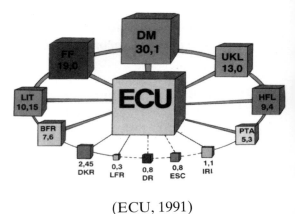

(ECU, 1991)

4. Y para terminar

a) El Balance

Hay distintos tipos de balance, según la época en que se realice o la función que deba cumplir.

1. Con ayuda de un diccionario, señale las diferencias entre el balance

a) inicial
b) de comprobación y saldos
c) general o de situación
d) final

e) de apertura
f) consolidado
g) de liquidación o fusión

2. ¿Cómo se expresan en su idioma?

b) La Memoria

1. Reflexione y comente con sus compañeros los siguientes aspectos que deben reflejar las Memorias de las entidades.

— Auditoría y consolidación
— Datos de años anteriores
— Evolución de datos básicos
— Desglose de otros gastos
— Coste del pasivo
— Acciones del Consejo

— Accionistas
— Sueldos de consejeros y directores
— Informe de gestión
— Información accesible
— Información sobre filiales
— Coste de auditores

2. En grupos: analicen la Memoria de alguna entidad bancaria de su país de acuerdo con estos criterios, si es posible.

9

Boletín informativo

A | PRENSA ESPECIALIZADA

Luis Carlos Croissier recomienda la creación de un 'rating' para los fondos de inversión

1

2 El Ecofin analiza el funcionamiento del futuro Instituto Monetario Europeo

Los Doce estudian hoy impulsar el crecimiento económico en la CE

LA CRISIS PASA FACTURA

4

3

El Banco de España advierte a la Banca sobre los peligros del incremento de la morosidad

Turismo, textil y papelero, sectores con más número de impagados

6 Escasa presencia de los fondos de pensiones en bolsa

A | El «crash» bursátil que arrolló a todos los mercados de valores en octubre del año pasado ha incrementado los resquemores para acudir a esta fuente en busca de inversiones. Los fondos de pensiones, definidos a la hora de buscar rentabilidades por el principio de la seguridad máxima, prefieren orientar sus activos al campo de la renta fija.

(Cinco días)

5 Central Hispanoamericano: Nace el mayor Banco privado español con un volumen de activos de 9,3 billones

C | **J. B. Madrid**

El presidente de la Comisión Nacional del Mercado de Valores (CNMV), Luis Carlos Croissier, recomienda que se cree un *rating* para los fondos de inversión, con el fin de "poder ponderar de una forma objetiva los riesgos en los que incurren los inversores".

(Expansión)

E

Madrid. J. L. González-Besada

El gobernador del Banco de España ha formulado sus advertencias para el nuevo ejercicio bancario. Tres son los princiales elementos de preocupación del Banco emisor: el fuerte crecimiento de la morosidad; el aumento del peso de los beneficios atípicos; y, la generalización de los fondos de inversión, llamados «superfondos», que aunque «se presentan como la fórmula de inversión colectiva con más amplias posibilidades de desarrollo», provocarán previsiblemente una reducción del margen ordinario de las entidades de crédito.

(ABC)

B

EL *FACTORING* SIGUE SIN DESPEGAR

Su negocio es gestionar el cobro ante los deudores, que en la crisis actual se multiplican. Sin embargo, el sector del factoring se ha estancado, y podría volver a perder dinero este año. Su dependencia de la banca y la morosidad explican esta paradoja.

(Actualidad Económica)

Oporto. José María Moreiro

Los ministros de Economía y Finanzas de la CE y gobernadores de los Bancos Centrales de los Doce, congregados en Oporto, analizarán hoy el funcionamiento del futuro Instituto Monetario Europeo. Por lo que se refiere al paquete Delors-II y los criterios sobre la ayuda condicional a la ex-Unión Soviética serán abordados como temas preparatorios para la cumbre comunitaria de junio y la Conferencia de Lisboa, respectivamente.

(ABC)

D **F**

Madrid. J. L. González-Besada

Los presidentes de los Bancos Central, Alfonso Escámez, y del Hispano Americano, José María Musátegui, firmaron ayer en Madrid la escritura de constitución del nuevo Banco Central Hispanoamericano, que se convierte en la mayor entidad de crédito de España con un volumen de activos próximo a los 9,3 billones de pesetas. La firma fue seguida de la primera reunión del Consejo del nuevo Banco en la que se aprobaron una serie de acuerdos que marcan el comienzo de la actividad de la entidad. Entre las decisiones adoptadas destacan el anuncio de la creación de un «holding» asegurador con la compañía italiana Assicurazioni Generali, que adquirirá el 5 por 100 del BCH, la aprobación del organigrama básico, y la amortización de un 7,5 por 100 del capital del nuevo Banco.

(ABC)

1.   Para leer y comprender

a)   *Relacione los titulares con los textos correspondientes.*

b)   *Explique o defina los términos siguientes:*

— escritura de constitución
— morosidad
— cumbre comunitaria
— *factoring*

— *rating*
— *crash*
— beneficios atípicos
— fondos de pensiones

c)   *Dé palabras de la misma raíz, utilizando prefijos y sufijos:*

— incrementar
— invertir
— definir
— negociar
— pagar

— deuda
— renta
— papel
— amortización
— aseguradora

2. Para hablar

a) **Clasifique los artículos de la sección anterior y reflexione y comente con sus compañeros sobre la forma más adecuada de archivarlos para una eficaz recuperación:**

fecha, fuente, tema, original, fotocopia, soporte de ordenador, etc.

b) **Por parejas: estudien los índices de contenido y pregunten a su compañero sobre:**

1. el periódico que le parece más especializado, en el campo de las finanzas o negocios
2. la sección o secciones que más le interesan
3. la página en la que puede encontrar una información que desea, etc.

En este número

Agenda	64	Internacional	29
Bolsas	44	Madrid	57
Ciencia	76	Nacional	23
Cultura	53	Opinión	19
Deportes	85	Pasatiempos	108
Ecología	80	Periodismo	68
Economía	39	Regiones	65
Educación	77	Religión	69
Efemérides	64	Sanidad	75
Espectáculos	89	Sociedad	79
Esquelas	98	Sucesos	83
Gente	109	Televisión	113
Horóscopo	108	Tiempo	67

CONTENIDO

Opinión	2	Dividendos	20
Política Económica	4	Mercado Continuo	22
Economía Internac.	8	Cotizaciones	23
Negocios	9	Renta fija	26
Finanzas	13	Bolsas Extranjeras	30
Mercados Monet.	16	Gestión	32
Divisas	17	Legislación	33
Bolsa	18	Agenda	35

c) **En grupo: estudien los distintos argumentos y preparen un debate sobre el siguiente tema:**

¿Devaluación, para qué? ¿Es realmente necesaria una devaluación? ¿Es conveniente?

VENTAJAS
— Devaluar la moneda supone, a corto plazo, que los productos españoles son más baratos en el extranjero.
— Inicialmente el Banco de España puede dejar de gastar reservas de divisas para comprar por pesetas.
— Una parte de la tensión internacional desaparece porque hay alguien que renuncia a la guerra.

INCONVENIENTES
— Las importaciones son más caras con una moneda devaluada, con lo que la inflación puede subir.
— Si se devalúa una vez, los inversores extranjeros entienden que puede hacerse más veces.
— Para estabilizar la moneda devaluada y devolver la confianza hay que subir aún más los tipos.

(A. E.)

VENTAJAS
— Las exportaciones saldrán más baratas.
— El sector turístico español es más atractivo para los extranjeros.
— Las reservas de divisas ganan cierta estabilidad, porque el Banco de España deja de moverlas para defender la peseta.
— El Sistema Monetario Europeo también gana estabilidad a corto plazo.

Y DESVENTAJAS
— Se produce un empobrecimiento relativo del país.
— Los inversores extranjeros buscan sitios más solventes.
— Quizás el Gobierno se vea forzado a subir más los tipos de interés.
— Se generan nuevas tensiones inflacionistas, los precios de importación se encarecen.

3. *Para practicar*

a) **Lea los titulares y escriba unas líneas, especulando sobre el contenido de cada noticia.**

(1) **Hacia el mercado único de valores**

(2) **La 'opamanía' reina en Europa**

España absorbió un billón de pesetas en inversiones extranjeras durante 1987

(3) **La marca del oro**

La Comisión Europea discute con la Administración española la reglamentación sobre el comercio de metales preciosos

(4) **Divisa a la vista**

Los créditos en moneda extranjera ofrecen bajos tipos de interés, pero hay que asumir riesgos de cambio

(5) **El BEI que viene**

(6) **La unidad en una moneda**

El ecu será acuñado de acuerdo con los votos de los ciudadanos europeos

b) **Después de leer el artículo;**

1. Elija el titular más adecuado
2. Subraye las palabras que no conoce y trate de comprenderlas por el contexto
3. Conteste:
   a) ¿Qué significa el RAI? ¿Quién lo elaborará?
   b) ¿Qué es la ASNEF?
   c) ¿Quiénes aparecen en estas listas? ¿Por qué?
   d) ¿Para qué habrá que consultar estas listas?
4. Elija las palabras clave del tema y clasifíquelas *(nombre, verbo, adjetivo)*

LISTAS NEGRAS **EL RAI**
LOS PRESTAMOS Y LOS MOROSOS
RENDIMIENTO EMPRESARIAL

Uno de los servicios más consultados por las entidades financieras en los últimos tiempos son los diversos listados que existen sobre morosos. Desde el Registro de Aceptos Impagados (RAI), que elabora el Consejo Superior Bancario hasta el de la Asociación Nacional de Entidades de Financiación (ASNEF), pasando por la Base de Incidencias (BDI) que prepara la empresa privada Grupo Interpres.

Recientemente, el Tribunal de Defensa de la Competencia legalizaba la existencia del listado de la ASNEF para los próximos cinco años e instaba al Servicio de la Competencia a que llevara un control aleatorio, sobre todo en lo que respecta al sistema de bajas. Actualmente, el listado contiene los datos de 885.000 morosos por valor de 426.000 millones de pesetas. En él se incluyen los que incumplen tres cuotas o pagos consecutivos, o los que no han abonado alguna deuda vencida 90 día antes. La mayoría de los morosos registrados en ASNEF son particulares ya que se nutre principalmente de las entidades de financiación de coches o de otras que incluyen créditos al consumo, como hipermercados o grandes almacenes. En sus archivos esta entidad tiene catalogados a los morosos según el grado que alcancen, como los que mantienen un pacto amistoso de devolución, casos prejudiciales, judiciales y, por último, fallidos. El índice actual de morosidad de las entidades agrupadas en ASNEF es del 6,84 por ciento —87.000 millones de pesetas frente a los 1,2 billones de pesetas que tienen concedidos en créditos—.

La entrada de un mal pagador en el RAI es mucho más fácil que en la lista de la ASNEF. Cualquiera que devuelva una letra o no efectúe un solo pago a un banco queda incluido automáticamente. En el Consejo Superior Bancario insisten en que este listado **«está compuesto por personas, tanto físicas como jurídicas, aunque lo importante son los documentos, aquellos aceptos que son impagados».** Actualmente, este listado al que están suscritos la mayoría de los bancos, cuenta con un expediente sancionador abierto, ya que la Asociación de Usuarios de Servicios Bancarios (Ausbanc) presentó una denuncia ante el Tribunal de Defensa de la Competencia.

(Actualidad Económica)

UN AVAL FINANCIERO PARA LAS PYMES

AZIMUT, INGENIERIA FINANCIERA, pretende desarrollar un proyecto de innovación financiera aplicando nuevas técnicas de financiación internacional. Estas técnicas cuentan con el apoyo de la Comunidad Económica Europea, Universidades y Asociación de Empresarios.

1

Este proyecto es el fruto de una larga investigación científica y como hemos dicho anteriormente, una primicia a nivel mundial, para que las empresas no tengan que soportar unos gastos financieros tan elevados, ofreciendo AZIMUT, la posibilidad de reducir estos gastos mediante la utilización de sofisticadas técnicas de gestión de los flujos de caja, cubriendo las necesidades reales de tesorería.

Además, debido a la urgente necesidad de las PYMES de agruparse e incrementar sus recursos propios de cara al Mercado Unico para competir con gracia en el mercado español y europeo, AZIMUT, ofrece un servicio de captación y puesta en contacto de nuevos socios para la obtención de recursos, y simultáneamente dar salida a excesos de liquidez.

2

Lo que ofrece AZIMUT a este respecto es un paquete de servicios por la gestión integrada de las tesorerías.

Una de las características principales de nuestro proyecto es que AZIMUT, concedería Aval Finan-

ciero ante las entidades de Crédito, asegurando la solvencia del cliente ante ésta.

3

Actualmente en España los gastos financieros en las PYMES son muy elevados debido a los tipos de interés existentes en el mercado, por lo que adquiriendo créditos exteriores multidivisas el tipo de interés es considerablemente inferior, destacando que el empresario no correría ningún riesgo ni sobre el tipo de cambio ni sobre el tipo de interés futuro al que estuviera sujeto el crédito produciéndose un ahorro considerable.

4

Otra ventaja es que se logra un importante ahorro sobre el descuento de papel comercial, en vez de seguir utilizando el descuento en pesetas pueden descontar al MIBID (Madrid, Interbanking Bidden Rate), es decir, a un tipo de interés todavía inferior al MIBOR (Madrid, Interbanking Offered Rate), tipo interbancario sobre la peseta cotizado en la Plaza de Madrid.

5

Las características primordiales que definen y destacan a AZIMUT en el mercado, son las de dar soluciones y respuestas inmediatas a medida de cada cliente y una elevada capacidad creativa en función de las necesidades de cada empresa.

AZIMUT, cuenta con un Comité Científico del que forman parte varios catedráticos de diferentes Universidades Españoles.

6

Gracias a la fuerte innovación en tecnología financiera, las PYMES pueden financiarse a un coste máximo garantizado igual al MIBID (tipo interbancario de interés sobre las pesetas, cotización demanda), es decir, a un coste enormemente inferior a aquel pagado por ellas. Sobre todo en las empresas donde existe un fuerte apalancamiento financiero, donde el nivel de deuda es muy elevado en relación con los recursos propios, lo que se traduce a una fuerte mejoría del beneficio anual.

(Comercio e Industria).

1. Señale el significado en otros contextos de:
   — azimut
   — mercado
   — solvente
   — tesorería
   — Plaza de Madrid
   — gracias
   — apalancamiento
   — fruto

2. Anote todos los prefijos y sufijos de las palabras del texto y los correspondientes matices. A continuación, anote los prefijos y sufijos que recuerde y trate de formar palabras a partir de distintos términos del artículo.

3. Escriba un resumen del artículo (300 palabras).

4. Y para terminar

LA CASA DE LA MONEDA

a) *Relacione cada uno de los párrafos con los siguientes comentarios:*

1. Uno de los mayores museos del mundo de la historia del dinero.
2. La Casa de la Moneda entre la tradición y las nuevas tecnologías.
3. Necesitamos cultura de empresa.
4. La facturación de la Casa de la Moneda creció un 17 %.
5. Coleccionistas.
6. Creatividad y tradición en el departamento de moneda.

a

La variedad y complejidad de los motivos artísticos que ilustran los billetes de la Lotería Nacional hacen de la loterofilia (coleccionismo de billetes de lotería) una actividad que cada vez cuenta con un mayor número de seguidores.

d

Aunque la Fábrica Nacional de Moneda y Timbre (FNMT) adopta este nombre a fines del siglo pasado con la fusión de la Casa de la Moneda y la Imprenta del Sello, debe su estructura actual a las condiciones reinantes en España durante los años 40, tras el final de la Guerra Civil. El desorden de la Guerra hizo proliferar por toda España iniciativas múltiples para suplir la falta de monedas, billetes, sellos, etc., y la mejor manera de acabar con la confusión que éstas generaban fue concentrar en la FNMT, mediante la *Ley del 42,* la exclusiva tanto de la fabricación de productos que tienen valor, recaudan tasas, identifican, como de las máquinas y útiles destinados a hacerlos. Así, gracias a la diversidad de funciones que concentra además de fabricar moneda, nace la actual FNMT dentro de las Artes Gráficas.

e

La mayor parte de las colecciones que se exhiben en el Museo «Casa de la Moneda», provienen de la Escuela de Grabado, fundada y dirigida por Tomás Francisco Prieto, académico y grabador de cámara del Rey Carlos III. Posteriormente, otras adquisiciones y donaciones, tanto de particulares como de los diferentes departamentos de la propia Fábrica, han ido ampliando estas series. En el interior, una amplia selección de objetos, todos ellos relacioandos con el arte de la numismática, hacen que este Museo sea uno de los más extensos del mundo en su género.

b

Los objetivos de la Casa de la Moneda para los próximos cinco años son, según su presidente, César Ramírez, conseguir una empresa competitiva, con departamentos equilibrados adecuadamente y con su red comercial completa que ofrezcan líneas de productos originales y propios, con el fin de consolidar sus mercados, tanto a nivel nacional como internacional.

f

El fin primordial del Departamento de Moneda es proveer al país de moneda circulante y diseñar y llevar a cabo los distintos cambios que experimenta el sistema monetario. Pero al margen de esta tarea, realiza otras que ocupan una parte fundamental de su vida económica.

(Cinco Días)

c

La Fábrica Nacional de Moneda y Timbre, que en 1991 facturó en torno a los 30.000 millones de pesetas, intenta ganar nuevos mercados para asegurar su línea de crecimiento como la registrada a partir de 1989.

b) ¿Podría decir...?

1. ¿Cuántas piezas forman el Sistema Monetario Español?
2. Hay tres que ya estaban en el sistema anterior, ¿las recuerda?
3. ¿Con qué está relacionado el peso de cada pieza?
4. ¿A qué se debe el color que tienen?
5. ¿En qué otros detalles se diferencian?
6. ¿Qué elementos pueden permitir la identificación reconocible al tacto?

SISTEMA MONETARIO ESPAÑOL

VALOR	COLOR	DIAMETRO	ESPESOR	PESO
500	amarillo	28 mm.	2,80 mm.	12 gr.
200	blanco	25,50 mm.	2,90 mm.	10,50 gr.
100	amarillo	24,50 mm.	2,90 mm.	9,50 gr.
50	blanco	20,50 mm.	2,25 mm.	5,60 gr.
25	amarillo	19,50 mm.	2,11 mm.	4,25 gr.
10	blanco	18,50 mm.	2,05 mm.	4 gr.
5	amarillo	17,50 mm.	1,80 mm.	3 gr.
1	blanco	14 mm.	1,55 mm.	0,55 gr.

El cambio en el sistema monetario de curso legal comenzó en 1989 y se completó en 1990. Está formado por ocho piezas de las que tres (500, 100 y 10 pesetas) están tomadas del sistema anterior.

Todas las monedas están ordenadas por tamaños, según su poder adquisitivo, al objeto de facilitar su reconocimiento. Con esta misma finalidad se alternan también los colores amarillo (aleación de cobre, aluminio, níquel, hierro y manganeso) y blanco (aleación de cupro-níquel, a excepción de la de una peseta, moneda que está hecha toda de aluminio).

Además de ello, se han incorporado otros elementos de identificación reconocibles al tacto, como son el agujero central en la de 25 pesetas, el borde lobulado en la de 50, y la moldura ancha con textos incursos, en la de 200.

B | INFORMACION BURSATIL

Las Bolsas españolas han reaccionado durante la sesión de forma positiva a pesar de las declaraciones efectuadas por el director general del Banco de España en las que afirmaba su intención de mantener los tipos de interés en los niveles actuales. Esta noticia ya había sido descontada por los mercados de valores en las jornadas precedentes.

La orientación alcista de los mercados bursátiles españoles fue consecuencia directa del rebote de los precios ante las bajas continuadas de las cuatro sesiones anteriores y, sobre todo, a los fuertes apoyos institucionales acentuados al tratarse de la última sesión del mes, que se toma de referencia para la valoración de las carteras.

Ante esta situación, la Bolsa de Madrid mostró desde el comienzo de la jornada una clara orientación compradora, que fue en aumento a lo largo del día. La demanda afectó en mayor medida a bancos, constructoras y sociedades químicas, a los que también se unieron valores aislados de otros grupos.

Al cierre, el índice general ganaba 1,85 puntos, lo que equivale a un 0,94 por 100 y se situaba en los 198,47 puntos. En la semana, dicho indicativo perdía 2,71 puntos, mientras que en el mes de octubre hay una evolución favorable de 5,52 puntos.

Esta mejora generalizada en las cotizaciones se vió acompañada por un incremento en los niveles de negociación, que al cierre del mercado continuo se situaba en torno a los 11.000 millones de pesetas.

La bolsa de París, por su parte, no ha podido despegarse del tono bajista que ha dominado en Londres y la de Francfort concluyó con alzas generalizadas.

En Nueva York, el tono bursátil se ha visto favorecido por la bondad de los datos publicados sobre la economía ya que la inflación se mantiene controlada y la tasa de desempleo ha evolucionado favorablemente.

La Bolsa de Milán mostró mayor firmeza y el índice MIB ganó un 1,32.

La de Tokio ha mantenido un comportamiento tranquilo y escaso negocio, a la espera del vencimiento de los contratos de futuros en la sesión del viernes.

(ABC)

1. *Para leer y comprender*

a) *Tome nota de la sesión y señale las tendencias de las Bolsas de:*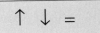

— España
— Francfort
— Londres
— Madrid
— Milán
— Nueva York
— París
— Tokio

b) *¿A qué hace referencia...?*

— esta noticia...
— ante esta situación...
— en Londres y la de Francfort

— en Nueva York
— datos sobre la economía
— la de Tokio

c) *Relacione la columna A con la columna B*

A

1. forma positiva
2. afirmaba
3. alcista
4. directa
5. continuadas
6. última
7. comienzo
8. compradora
9. ganaba
10. incremento

B

a) indirecta
b) vendedora
c) disminución
d) negativa
e) primera
f) cierre
g) perdía
h) bajista
i) negaba
j) discontinuas

2. *Para hablar*

a) *Lea en voz alta (o grabe) el texto de la información bursátil y anote los sonidos que le parecen más eufónicos, agradables o desagradables, analizando la causa (demasiado graves o agudos, semejantes o muy diferentes a los de su lengua, etc.).*

b) *Tiene que preparar un bloque informativo. En primer lugar, separe las frases, luego las palabras y por último las sílabas. A continuación, lea en voz alta el texto, imitando distintos tonos (enfadado, dubitativo, interrogativo, seco, didáctico).*

análisisbursátilelmayoratractivodeArapistasseencuentraenlarentabilidadpor dividendosuperioraldoceporcientosebeneficiarádelprevisibleaumentodebeneficios enbancoselBABsepuedebeneficiardeunbuencontroldecostesydelamorosidadlaprevis-tamejoraenlacalidaddesusresultadostendráconsecuenciasbeneficiosassobrela evolucióndelabolsamientrasqueelBPsiguepresentadolosmejoresresultados delabancanacionalgraciasasupoliticaconservadoraysinriesgosdelaselectricas hayquedestacarqueVFapesardehabersidocastigadaenbolsaofreceunarentabilidad pordividendomuyelevadaentornoaldoceporciento.

3. *Para practicar*

a) *Relacione las definiciones de la columna A con los términos de la columna B:*

A

B

1. Compra por los directivos de una empresa de las acciones en circulación de la firma.
2. Una persona elige una sociedad de capital pequeño en comparación a los activos. Luego compra un paquete de acciones y lanza una OPA.
3. Oferta Pública de Adquisición de acciones sobre una sociedad que cotice en bolsa. Puede ser amistosa y hostil.
4. Compañía codiciada por quien lanza una OPA hostil.
5. Oferta pública de venta de acciones.
6. Compañía amiga que acude a salvar a la compañía atacada con una contra OPA.
7. Bono de suscripción de nuevos títulos en condiciones definidas de antemano.
8. Obligaciones que emite el invasor para financiar una OPA. Prometen elevada rentabilidad pero con un alto nivel de riesgo.
9. Compra de una empresa por sus directivos con ayuda de financieros externos.

a) warrant
b) caballero blanco
c) presa
d) *LBO (leveraged buy out)*
e) *LMBO (leveraged management buy out)*
f) OPA
g) caballero negro, *raider* o tiburón
h) OPVs
i) *Junk bonds* o bonos basura

b) **Lea las respuestas de una entrevista sobre una OPA y formule las preguntas:**

1. Antes del verano, ellos me indicaron que querían el control de la empresa y, en septiembre, dijeron que lanzarían una OPA si no nos íbamos.
2. Creemos que con las acciones que tienen directamente y los acuerdos que han firmado, superan el 24,9 por ciento.
3. Nosotros directamente no, pero es fácil colocar paquetes del 5 y del 10 por ciento entre otros socios. La empresa seguirá en Bolsa.
4. Queremos cerrar este ejercicio sin pérdidas y, el próximo año, esperamos poder comenzar las obras de una urbanización en Palma de Mallorca que tendrá una densidad de construcción baja, con muchas zonas verdes y cubles hípicos y de golf.

c) **Escriba cómo se expresan en su idioma los anglicismos siguientes:**

— *boom*
— *broker*
— *call* (opción de compra)
— *chart*
— *holding*
— *dealer*

— *put* (opción de venta)
— *premium* (precio de la opción, pagado al contratarla)
— *shark*
— *strike price* (tipo de cambio contratado)
— *swap*

d) **Después de leer el artículo:**

En bolsa se puede operar con derivados, opciones y futuros sobre renta variable, uno de los instrumentos que permiten cubrir más eficazmente una inversión. Se opera con contratos de opciones y futuros sobre el índice Ibex 35 con los 35 valores de renta variable más volátiles y con mayor capitalización en la Bolsa de Madrid (sobre valores de renta fija ya se venía operando).

Los contratos futuros y opciones sobre el índice son especialmente útiles como instrumentos de cobertura para las empresas y los inversores institucionales, sin descartar, por supuesto, la componente especulativa.

La cultura financiera ayudará a desarrollar el mercado. En Nueva York, con inversores más curtidos, los contratos de opciones y futuros sobrepasan hasta en cuatro veces el volumen del mercado bursátil, en tanto que en España todavía representa entre un 15-20 % del volumen diario en el mejor de los casos. Y en España a buen seguro, crecerá cuando los fondos de inversión acudan a los productos derivados en renta variable: hoy pueden dedicar un 4 % del platrimonio y sólo como cobertura.

1. Elija el título más adecuado: otras fusiones, inversiones, opciones y futuros, acciones y bonos.
2. Tradúzcalo a su idioma.

4. Y para terminar

Anote todos los términos que se relacionen con el:

DINERO

sustantivos	verbos	adjetivos	personas	operaciones	lugares

C TELEPLUS-FINANZAS

1. Mensaje navideño del Rey.
2. Reunión ministerial hispano-francesa.
3. En el mercado de divisas, el dólar retrocede frente a la peseta.
4. El Gobierno controlará el mayor grupo bancario al integrar en un *holding* toda la banca pública.
5. Madrid ha perdido un 1,10, Barcelona 1,18, Bilbao 3,80 y Valencia ha subido tres centésimas.
6. Elecciones generales en mayo.
7. La participación extranjera en los grandes bancos españoles siguió creciendo durante el pasado año.
8. Esta noche Real Madrid-Barcelona.
9. En las bolsas internacionales, han dominado las alzas.
10. El marco se ha mantenido estable.

1. Para leer y comprender

a) **Lea las noticias y clasifíquelas:**

Política   Banca   Bolsa   Mercado de Valores

Otras   Nacional   Internacional

b) *Organice los titulares por temas e indique en qué secciones de un periódico las insertaría.*

c) *Termine estas frases:*

1. El Rey va a _____
2. La peseta se va a _____
3. El marco se va a _____
4. El Real Madrid va a _____
5. Va a haber _____
6. La banca pública _____

2. Para hablar

a) *Elija algunos de los titulares de las noticias y desarrolle oralmente el contenido de las mismas. Sus compañeros deberán emitir un juicio acerca de su actuación como locutor (elementos discursivos, dicción, tono, expresión gestual, etc.).*

b) *Seleccionen las noticias más destacadas de la prensa local y preparen un telediario en español. También pueden grabarlo.*

c) *En grupo: comenten acerca de los medios de comunicación que prefieren para mantenerse informados: prensa, radio, televisión.*

3. Para practicar

a) *Escriba un resumen con las conclusiones del debate acerca de los medios de comunicación de 2.c.*

b) *En el telediario de hoy se han deslizado algunos errores. ¿Podría eliminarlos?*

1. El servicio de becas de estudio de la Bolsa de Madrid ha iniciado el edición de un boleto mensual interno sobre la volatilidad del híndice IBEX-35, el índice del mercado continuo de las bolsas españolas. De uso interno para los miembros del mercado, en el boletin se calculan las volatilidades— esto es, la inestabilidad de la cotización de un valor en un momento dado— y las betas —o sea, las relaciones personales entre las cotizaciones, bien de los valores de un mercado y éste, o bien de los tintos mercados.

c) **Mientras estaba viendo la televisión se ha ido la imagen y solamente puede oír estas frases publicitarias. Relaciónelas con un producto y con una imagen, situación o escena.**

1. Llegue hasta el 12,50 % con el Santander.
2. Nuestra cuenta integral de crédito le ofrece grandes ventajas.
3. Así nace una moneda.
4. Ser o no ser socio. Esta es su oportunidad.
5. Si tiene vista de lince. Cuenta Lince. La inversión más clara del momento.
6. Se ha tenido que acumular mucha experiencia para llegar a algo así. Mucha experiencia en Viajes de Negocios. Mucha experiencia en Sistemas de Pago. Mucha experiencia en Gestión Financiera.

d) **Durante su estancia en varias capitales españolas, usted desea mantenerse informado. ¿A qué horas puede ver las noticias si está en...?**

Barcelona (Canal 33)
Bilbao (ETB-1)
La Coruña (TVG)
Madrid (Telemadrid)
Sevilla (Canal Sur)

TELEMADRID

7.30 **Tráfico de Madrid.**
9.00 **Vecinos.**
9.30 **A saber.**
10.00 **Telenoticias.**
10.30 **Mis crímenes favoritos.**
11.00 **La noche se mueve** (repetición).
12.00 **Telenoticias.**
12.25 **¿De qué tribu eres?** (repetición).
13.00 **Madrid siete días.**
14.00 **Telenoticias Madrid.**
14.30 **Telenoticias.**
15.00 **Palo y astilla.**
15.25 **Cine de tarde.** El sonido del corazón.
17.30 **Belleza y poder.** Serie.
18.30 **Hank Katts y Rinty.** Un asunto de drogas.
19.00 **¿De qué tribu eres?**
19.30 **La bola del dragón Z.**
19.55 **En acción.**
20.30 **Telenoticias.**
21.00 **Raven, guerrero americano.** Serie.
22.00 **Cine: una del oeste.** Dodge City, ciudad sin ley. Estados Unidos, 1939 (100 minutos). Director: Michael Curtiz. Intérpretes: Errol Flynn, Bruce Cabot, Olivia de Havilland.
24.00 **La noche se mueve.** Lo mejor.
1.15 **Telenoticias.**
1.30 **Cine: sala de madru-** gada. Drum. Estados Unidos, 1976 (110 minutos). Director: Steve Carver. Intérpretes: Warren Oates, Isela Veg.
3.20 **Stingray.** Serie.

TVG

9.47 **A sentinela.**
10.00 **Arroz con chicharros.**
10.30 **Cándido Pérez, médico de señoras.**
10.55 **Na casa.**
11.20 **Adianto informativo.**
11.25 **Mar de fondo.**
11.30 **Na casa.**
12.45 **Veciños.** Capítulo 660.
13.10 **Telenovela.** Nena bonita.
13.57 **Hora 14.**
14.00 **Telexornal comarcas.**
14.20 **A saúde.**
14.30 **Telexornal 1.**
15.00 **O gran val.** Serie.
15.45 **O que vai vir.**
16.15 **Wolf.** Serie.
17.05 **Knonts landing.** Serie.
17.50 **Nós os consumidores.**
18.15 **Primeiros bicos.** Serie.
18.40 **Debuxos animados.** Dragón Z.
19.35 **Entrada libre.** Astérix e a sorpresa do César.
21.00 **Telexornal 2.**
21.30 **Gran cinema.** Eu son a xustiza.

ETB-1

12.52 **Begoñaren exean.**
13.00 **Gaur egun.**
13.25 **Obideoren taldea.**
13.50 **Magnum.**
14.40 **Orain hurrengo.**
14.45 **Munduanzehar.**
15.45 **ETB-ren eskutik.**

23.05 **Telexornal 3.**
23.25 **En xogo noite.**
23.35 **Segunda sesión.** O asalto.

CANAL SUR

8.00 **Teletrasto.** Programa infantil.
9.00 **Las mañanas de Canal Sur.**
—9.05. Andalucía nuestra.
—9.35. Hospital.
— 10.35. Las mañanas de Canal Sur. Magazine.
— 11.25. Noticias.
— 11.30. Cine matinal. El capataz marchó a Francia.
— 12.55. Noticias.
— 13.00. Cancionero.
13.25 **Cazafantasmas.**
13.55 **Dinosaucers.**
14.15 **Sierra Nevada.**
14.30 **El diario 1.**
15.05 **Bola de dragón.**
15.30 **Cine de tarde.** Loca juventud.
17.35 **Sangre verde.** Documental.
18.10 **Bola de dragón Z.**
18.35 **Parker Lewis.** Serie juvenil.
19.00 **Noticias.** Avance informativo.
19.05 **Tal como somos.**
20.30 **El diario 2.**
21.00 **Chan-ta-ta-chán.**
22.30 **Cine de oro.** Drum.
0.15 **El diario 3.**
0.30 **Dinero.**
0.35 **Puerta del cante.**
1.05 **Aula de cine.** La casa número 322.

ETB-1

12.52 **Begoñaren exean.**
13.00 **Gaur egun.**
13.25 **Obideoren taldea.**
13.50 **Magnum.**
14.40 **Orain hurrengo.**
14.45 **Munduanzehar.**
15.45 **ETB-ren eskutik.**

16.15 **Zaharrak berri.**
16.45 **Orain hurrengo.**
16.50 **ETB 10 urte.**
17.20 **Musika eta irudiak.**
17.55 **Orain hurrengo.**
18.00 **Seabert.**
18.25 **Gadget inspektorea.**
18.50 **Iparralderen orena.**
19.00 **Galatk-hika.**
19.30 **Lehenengo musuak.** Serie.
20.00 **Gaur egun.** Informativo.
20.10 **Supermarrakiak.**
20.20 **Mamu Harrapariak.**
20.45 **Dragoi bola.**
21.10 **Rambo.**
21.35 **Neuk esango dizut.**
22.05 **Egun bete.**
22.35 **Orain hurrengo.**
22.40 **ETB kantxa.**
0.10 **Azken albisteak.**
0.20 **Amaiera.** Fin de emisión.

CANAL 33

16.35 **Informació agrària.**
16.45 **Graduï's, ara pot.** Educatiu.
17.15 **Universitat oberta.** Educatiu.
17.40 **Víctor.** Curs de idiomas.
17.55 **France Magazine.** Reportajes en francés.
18.00 **Veïns.** Serie.
18.50 **Planeta Terra.** Reportajes.
19.45 **Signes dels temps.** Religioso.
20.40 **Futbol 94.** Deportivo.
21.10 **Tot l'esport.** Deportivo.
21.43 **Mil paraules.** Literario.
21.48 **Diners.** Económico.
22.00 **Les noticies del 33.** Informativo.
22.15 **L'imperdible Parker Lewis.** Serie.
22.40 **Sputnik Total.** Musical.
23.35 **Sputnik Cliptobròquil.** Musical.

4. Y para terminar.

a) **Van a participar en un programa de televisión sobre el tema del «Outplacement» (desvinculación o desplazamiento de directivos).**

1. Preparen sus intervenciones.
2. Elijan un moderador del debate.
3. Elijan un secretario para que tome nota de los distintos puntos de vista y de las conclusiones.
4. Pueden utilizar la siguiente información: algunos directivos se ven desplazados de sus puestos por diversas causas (desacuerdos en los estilos de dirección, duplicidad de funciones, reducción de departamentos, fusiones o absorciones de empresas, o por bajos rendimientos). El *outplacement* es un servicio de consultoría que ofrece asesoramiento a las empresas sobre la mejor manera de llevar a cabo la decisión y ayudar a los ejecutivos a encontrar un nuevo empleo.
5. Estudien el proceso y comenten, en grupo, sus conclusiones:

EL PROCESO DE OUTPLACEMENT

FASE II
PLANIFICACION DEL MARKETING

FASE I
ELECCIONES PROFESIONALES

ESTRATEGIAS
- Selección de Sectores y Empresas
- Obtención de Información
- Introducción en el Mercado Oculto
- Aproximación a Consultoras y Cazadores de Cabeza
- Contestación a Anuncios

FASE III
PENETRACION EN EL MERCADO

- Intereses/Preferencias Profesionales
- Historial Laboral
- Análisis de Habilidades

- Organización de Actividades y Planificación del Tiempo
- Seguimiento y Análisis
- Evaluación de Resultados

| Puesto Anterior | Objetivo (s) Ocupacional (es) | Lanzamiento a la Búsqueda de Empleo | Nuevo Puesto |

- Revisión de Logros
- Estudio de Alternativas
- Clarificación de Metas

INSTRUMENTOS DE TRABAJO:
- Currículum Vitae
- Referencias Profesionales
- Red de Contactos Personales
- Teléfono
- Cartas de Presentación/Promoción
- Entrenamiento en las Diversas Clases de Entrevistas

- Estudio de Ofertas
- Negociación
- Conclusión y Recolocación

b) *Consulte en la Cámara de Comercio de su país acerca de las facilidades de las Salas de Videoconferencias para reuniones de negocios y escriba un informe.*

(*Expansión*)

UNIDAD 1

Ahorro: parte no consumida de la renta de un agente económico que se emplea para formar un capital.

Bien: medio considerado apto para satisfacer las necesidades.

Espacio televisivo: programa de televisión.

Esquema: representación gráfica de temas o puntos diversos de un tema.

Fiscalidad: sujeto a inspección o control fiscal.

Fomentar: aumentar la actividad o intensidad de algo.

Fondos de inversión: conjunto de títulos-valores y dinero pertenecientes a un grupo de inversores, con un derecho de propiedad representado por la participación que corresponda a cada uno de ellos.

IEME: Instituto Español de Moneda Extranjera.

Medios de pago: bienes susceptibles de ser utilizados para la extinción de deudas (básicamente, el dinero).

SFE: Sistema Financiero Español.

Asesorar: dar consejo.

Carné de lector: tarjeta de identificación.

Instrumentación: preparación y organización de los elementos para que cumplan una función.

Intermediario: persona física o jurídica que interviene en una operación comercial.

Liquidez: disponibilidad de medios de pago de forma inmediata. El índice de liquidez mide la capacidad de la empresa para hacer frente a sus compromisos a corto plazo.

Pignoración: empeñar o dejar en prenda. Crédito otorgado con la garantía de títulos-valores.

Plazo: término o período de tiempo señalado, vencimiento del término.

Rendimiento: beneficios, interés o rentas provenientes de los bienes en uso del patrimonio de una persona física o jurídica.

Vocal: persona elegida en representación de un grupo.

Diccionario C

Accionista: poseedor de una o varias acciones o títulos de una sociedad mercantil

Amortización: reembolso gradual de una deuda, expresión contable de la depreciación experimentada por un activo fijo.

Mercado de capitales: reunión de la oferta y demanda de capital de toda clase de títulos financieros.

Personalidad jurídica: aptitud y representación legal para intervenir en un negocio.

Bienes ajenos: bienes económicos, renovables o no, que se captan para utilizarlos en los procesos y actividades de las entidades bancarias.

Sujeto a aprobación: tiene que ser aprobado o aceptado por alguna autoridad.

Trifásico: en tres etapas.

Funciones

Definir sistemas e instituciones financieras

Es un conjunto de instituciones que tienen como finalidad...
Está constituido por instituciones que proporcionan al sistema económico...
Estructura y organismos que configuran la organización de un país...
El BEI, creado por el Tratado de Roma, es la entidad bancaria de la Comunidad.

Concretar ámbito de actuación

El FEOGA sirve para la financiación de la política agrícola.
La financiación que concede el BEI está sujeta a la aprobación de...

Presentar y centrar un tema

En nuestro espacio televisivo... presentamos hoy...
Veamos algunas definiciones.
De acuerdo con la programación, hoy vamos a iniciar...
Vamos a distinguir...

Describir organización, funciones y objetivos

El esquema de organización del Banco de España...
Las posibles formas de intervención son...
Para llevar a cabo la misión de recoger dinero, existen unas instituciones.
Los tres objetivos que debe cumplir todo sistema financiero son...
El centro del sistema es el Banco de España, que desempeña dos tipos de funciones.

Solicitar información sobre aspectos concretos

¿Qué necesito para poder consultar en la biblioteca?
¿Cómo se nombra al Gobernador del Banco de España?
¿De dónde proceden los representantes?

Formular preguntas y responder sobre temas profesionales

¿Qué es el...?
¿Cuál es la misión de las instituciones financieras?
¿Cómo la llevan a cabo?
¿Para qué sirve el...?

Hablar de aspectos legales y normativas

¿Cuál es la situación jurídica del Banco de España?
Estas instituciones deben cumplir unas condiciones.
¿Qué requisitos deben cumplir?
Los interesados deben ajustarse a los requisitos.
Requisitos imprescindibles: acreditar..., declarar..., aceptar...

Solicitar información por escrito

Les agradecería que me enviasen documentación sobre...
Le ruego que sirvan remitirme información acerca de...

Pronombres interrogativos

Invariables: **qué** + sustantivo: *¿Qué normas hay que seguir?*

cuándo, cómo y **dónde** no admiten sustantivo detrás:

¿Cuándo vas? ¿Cómo funciona? ¿Dónde está?

qué + verbo: *¿Qué necesita?*

Variables:

	singular	plural
	cuál	**cuáles**
	quién	**quiénes**

cuanto (masc.) **cuánta** (fem.) **cuántos** (masc.) **cuántas** (fem.)

cuál + **de** + sustantivo/pronombre: *¿Cuál de las dos instituciones es mejor?*

cuál + verbo: *¿Cuál visitaste?*

cuánto + verbo: *¿Cuánto es?*

cuánto + sustantivo: *¿Cuántos departamentos hay?*

Pronombres relativos

Pueden sustituir a un sustantivo o a una acción (antecedente), así como servir de enlace entre una oración principal y otra subordinada. Concuerdan en género y número con el antecedente, siempre que sea posible. Hay que distinguir entre relativos adjetivos y relativos adverbiales:

Adjetivos: quien, cual, cuyo/a, cuanto/a

que, quienes, cuáles, cuyos/as, cuantos/as

Adverbios: donde, como, cuando

Cuyo: se utiliza para expresar la posesión y equivale a: de quien, del que, del cual.

Concuerda en género y número con el sustantivo al que acompaña:

Es un sistema cuya finalidad es proporcionar dinero.
El documento cuyo encabezamiento corregí.

Conjunciones

Y : para unir una palabra o una oración con otra se utiliza la conjunción «y», excepto en los casos en que la palabra que le sigue comienza por «i», en donde se sustituye por «e»: *bancos e instituciones.*

O: la conjunción disyuntiva es sustituida por «u», cuando la palabra siguiente comienza por «o»: *hay siete u ocho entidades.*

Verbo
El presente de indicativo
a) Indica que la acción ocurre en el momento de hablar: *presentamos hoy...*
b) V,alor de presente habitual: *diariamente, leemos o escuchamos noticias.*
c) Expresa experiencia: *la práctica ayuda a entender las operaciones.*
d) Referencia a acción pasada o futura: *el Banco de España advierte a la banca.*
    La intervención fiscaliza las operaciones.
e) Presente de mandato: *vas a la biblioteca y preparas un informe.*

Perífrasis con infinitivo
a) Tener que + infinitivo: expresa obligación, a veces inmediatez
    Tengo que revisar este documento
b) Deber + infinitivo: expresa obligación moral.
    Las instituciones financieras deben cumplir unos requisitos.
c) Haber que + infinitivo: expresa obligación, con sentido impersonal y en tercera persona del signular.
    Hay que cumplir las normas.

Oraciones subordinadas finales
Son aquellas que expresan el fin o la intención con que se realiza la acción señalada por la oración principal.
Como nexos se utilizan las locuciones: para que, a fin de que, a que.
    Le anima a que ahorre/para que ahorre.
    ¿Para qué se abren sucursales bancarias?
    Voy al banco a fin de poner en claro mi situación económica.
a) Cuando el sujeto del verbo de la oración principal y el sujeto de la oración subordinada es el mismo, se utiliza el infinitivo del verbo en la oración subordinada, omitiendo la partícula «que»:
    Lo escribió en la pizarra para dejarlo claro.
b) Si los sujetos de la oración principal y la subordinada no son los mismos, hay que utilizar el subjuntivo en el verbo de la oración subordinada:
    Lo escribió para que no se confundieran los alumnos.

Preposiciones
Por
a) Expresa causa o motivo de acción verbal: *se preocupa por todo.*
b) Expresa tiempo: *por la mañana hay mucho trabajo.*
c) Indica lugar impreciso o de paso: *por aquí hay un informe.*
d) Indica cambio o sustitución: *lo hago por tí.*
e) Indica precio o transacción comercial: *lo venden por veinte millones.*
f) Indica medio, instrumento o manera de hacer algo: *llame por teléfono.*

Para
a) Indica finalidad, propósito o destino de la acción verbal: *este fax es para la directora.*
b) Indica finalidad, seguida de infinitivo: *sirven para canalizar el ahorro.*
c) Indica dirección o término de un movimiento: *es una carta para Bruselas.*

Ordinales

Indican el lugar o número de orden y concuerdan en género y número con el sustantivo al que acompañan.

1.º	primero	20.º	vigésimo
2.º	segundo	21.º	vigésimo primero
3.º	tercero	30.º	trigésimo
4.º	cuarto	40.º	cuadragésimo
5.º	quinto	50.º	quincuagésimo
6.º	sexto	60.º	sexagésimo
7.º	séptimo	70.º	septuagésimo
8.º	octavo	80.º	octogésimo
9.º	noveno/nono	90.º	nonagésimo
10.º	décimo	100.º	centésimo
11.º	undécimo	1.000.º	milésimo
12.º	duodécimo		antepenúltimo
13.º	decimotercero		penúltimo
14.º	decimocuarto		último
15.º	decimoquinto		

Primero y tercero pierden, en masculino singular, la -o final cuando van delante del nombre: *es el primer banco del país*.

Los ordinales se utilizan, en general, hasta 10.º. A partir de ahí suelen sustituirse por los cardinales: *Isabel I (primera)*.

Alfonso XII (doce).

Puntuación (I)

El punto (.): se pone después de oraciones con sentido completo (punto y seguido) o de párrafos (punto y aparte): *el Sistema Finaciero está formado por un conjunto de instituciones*.

Se debe poner también detrás de las iniciales de las siglas y de las abreviaturas: *S. M. E., Vd.*

La coma (,): indica pausa y se emplea en la enumeración de palabras de la misma categoría: *existen unas instituciones financieras: los bancos, las cajas de ahorros, las compañía de seguros, etc.*

Los dos puntos (:): se emplean para hacer citas textuales, detrás del saludo de las cartas y para aclarar o dar ejemplos: *El Banco de España desempeña dos tipos de funciones: general y bancarias*.

Acentuación

a) cuando la palabra lleva el acento en la última sílaba (aguda) y termina en vocal o consonante n/s: *ahí, financiación, jamás*.

b) cuando el acento va en la penúltima sílaba (llana) y termina en consonante que no sea n/s: *fácil*.

c) cuando la palabra lleva el acento en la antepenúltima sílaba o cualquier sílaba anterior (esdrújula o sobresdrújula): *rápido, técnico*.

Las siguientes palabras llevan tilde o no, de acuerdo con su función y significado:

aún (adv. de tiempo y de modo) - **aun** (adv. de cantidad y modo)

dé (verbo dar) - **de** (preposición)

él (pronombre) - **el** (artículo)

más (adv. de cantidad) - **mas** (conjunción adversativa)

mí (pronombre personal) - **mi** (posesivo)

qué (interrogativo/exclamativo) - **que** (relativo)
quién (interrogativo/exclamativo) - **quien** (relativo)
sí (afirmación) - **si** (conjunción condicional)
sé (verbo saber) - **se** (pronombre)
sólo (adverbio) - **solo** (adjetivo)
té (sustantivo) - **te** (pronombre personal)
tú (pronombre personal) - **tu** (posesivo)

Mayúsculas

Se escribe con mayúsculas:

a)   La primera palabra de un escrito y después de un punto.

b)   Después de una interrogación o exclamación, si no hay coma interpuesta.

c)   Después de los dos puntos del saludo de las cartas.

d)   Los nombres propios y sus sobrenombres: *Jaime el Conquistador*
Títulos y nombres de dignidad: *El jefe de Gobierno, la Duquesa de Alba.*
Instituciones y corporaciones: *El Ministerio de Hacienda.*

e)   El artículo que acompaña al nombre de una ciudad: *El Cairo.*

f)   Los nombres de obras literarias: *Don Quijote.*

g)   Los tratamientos, especialmente si van en abreviatura: *Ilustrísimo Señor, Ilmo. Sr.*

h)   La numeración romana: *MDCCLV (1755)*

Siglas

El artículo que acompaña a la siglas concuerda en género y número con el desarrollo de las mismas:

El S.M.E.: *El Sistema Monetario Europeo.*
Los R.R.C.C.: *Los Reyes Católicos.*

UNIDAD   2

Diccionario A

Anagrama: transformación de una palabra o sentencia en otra por la transposición de sus letras.

Logotipo: representación gráfica de una marca comercial, siglas de un organismo, etc.

Plantilla: relación ordenada del personal de una entidad, con las categorías y cargos.

Sociedad anónima: sociedad mercantil cuyo capital está dividido en acciones transmisibles que confieren a su titular la condición de socio, no respondiendo personalmente a las deudas.

Sociedad colectiva: de responsabilidad ilimitada y administración según pactos escriturales.

Sociedad de responsabilidad limitada: cuya responsabilidad queda limitada a la aportación.

Societario: relativo a la sociedad, en régimen de sociedad.

Bastanteo: reconocimiento del poder de representación, sello o documento en el que se hace constar esta declaración, firmada por un letrado.

Centro de cálculo: dependencia donde se lleva a cabo el tratamiento informático de las operaciones de una entidad.

Embargo: ocupación o intervención judicial de determinados bienes a fin de hacer cumplir las responsabilidades derivadas de una deuda.

Litigio: pleito, disputa en un juicio.

Nómina: relación del personal que trabaja en una entidad, en la que figuran los importes íntegros de sus retribuciones.

Organigrama: representación gráfica y esquemática de la estructura organizativa de la entidad, estableciendo las funciones y relaciones de sus miembros.

Pantalla: superficie blanca, de tejido o plástico, que sirve para proyectar sobre ella imágenes fotográficas o cinematográficas.

Solicitud: documento formal en el que se expone una petición.

Agencia: establecimiento local que funciona bajo la autoridad de una sucursal.

Blindado: provisto de un conjunto de disposiciones que hacen inviolable una puerta.

Cajero automático: dispositivo en las entidades bancarias que permite a los clientes sacar dinero a cualquier hora.

Contribución Territorial Urbana: impuesto.

Dotación de mobiliario: provisión del conjunto de muebles necesarios en un establecimiento.

Ergonomía: estudio cuantitativo y cualitativo de las condiciones de trabajo para mejorarlas.

Escritura: documento en el que consta el otorgamiento, contrato o venta.

Intendencia: organización administrativa que proporciona los elementos necesarios para el funcionamiento de una entidad.

Licencia de obras: permiso para realizar el acondicionamiento de un local.

Local: sitio cubierto y cerrado para instalar un negocio.

Registro de la Propiedad Inmobiliaria: es aquel en el que se inscriben los actos y contratos en relación con los bienes inmuebles.

Sucursal: establecimiento sin personalidad jurídica propia que depende de la entidad para la que realiza las operaciones.

Saludar y presentarse

> *Buenos días, señorita.*
> *¡Hola! Buenos días.*
> *Buenas tardes, señoras y señores.*
> *Soy Juan Peña.*
> *Me llamo Paloma Lorca.*

Establecer aspectos legales y reglamentos

> *Se formalizará la escritura de compra y venta.*
> *La legislación vigente establece que las entidades financieras tengan...*
> *Diversas sociedades presentan formas societarias...*
> *La denominación de los socios varía de una entidad a otra.*

Hablar de la estructura y organización bancaria

Voy a repartirles unas hojas con el organigrama.
Los bancos, al igual que otras empresas, siguen uno de los dos modelos...
Los grandes bancos suelen caracterizarse por la dispersión territorial.
Nuestro banco responde al modelo de organización...
Otros bancos suelen tener una organización de tipo funcional.

Clasificar y exponer criterios

Las entidades bancarias se clasifican teniendo en cuenta...
¿En qué se diferencian...?
Como característica señalaremos la ausencia de lucro.
La selección del sitio se hará en relación con la disponibilidad y...
El estudio de la zona tendrá en cuenta...

Enumerar la secuencia de acontecimientos, de la exposición

En primer lugar, permitánme que les hable de...
Y, luego, pueden hacerme preguntas.
Después, visitaremos... y, a continuación,...

Tipificar funciones, objetivos

¿Cómo se denomina el banco que...?
Hay dos tipos: departamentos o servicios centrales y departamentos operaciones y administrativos.

Pedir favores, ayuda

¿Podría avisar al Departamento de Relaciones Públicas?
¿Le ayudo? Ayúdeme.

Establecer relación, posesión, origen, nacionalidad

Las personas físicas y jurídicas que forman parte de la sociedad...
En las cooperativas se llaman...
La imagen corporativa es muy importante.
¿Me dice el nombre de su banco?
Bancos nacionales, multinacionales, regionales o locales.

Expresar órdenes cortésmente

Acompáñenme, por favor.
Y ahora, vamos a comenzar la visita. Siganme, por favor.
Encarguese de...

Expresar porcentajes, dimensiones, cantidades

La comisión de la inmobiliaria es del 7 %.
¿Cuántos departamentos hay?
¿Cuánto mide de largo?
Tiene 9 metros de fachada.
El local cuesta treinta y cinco millones.
El local debe tener 150 metros en planta.

Manifestar deber, responsabilidad

Un Comité de Dirección estudiará el número de oficinas.
Encargará al director de cada zona que estudie...
El Departamento de Intendencia se encargará del mobiliario.

Hablar de impresiones, actitudes

Comente las impresiones que le ha producido la visita al banco.
No vamos a quedarnos con el local, por imagen y prestigio.

Posesivos

a) los pronombres y adjetivos tónicos concuerdan en género y número con el objeto poseído:

	Singular		Plural	
	masculino	*femenino*	*masculino*	*femenino*
	mío	**mía**	**míos**	**mías**
	tuyo	**tuya**	**tuyos**	**tuyas**
	suyo	**suya**	**suyos**	**suyas**
	nuestro	**nuestra**	**nuestros**	**nuestras**
	vuestro	**vuestra**	**vuestros**	**vuestras**
	suyo	**suya**	**suyos**	**suyas**

Ejemplos: *Esta oficina suya* (función adjetiva)
La nuestra es más moderna (función pronominal)

b) Los adjetivos átonos van delante del sustantivo.

	Singular		Plural	
	masculino	*femenino*	*masculino*	*femenino*
	mi		**mis**	
	tu		**tus**	
	su		**sus**	
	nuestro	**nuestra**	**nuestros**	**nuestras**
	vuestro	**vuestra**	**vuestros**	**vuestras**
	su		**sus**	

Ejemplo: *Nuestros informes tienen fecha anterior.*

Pronombres personales (formas átonas)

singular	*plural*	
me	**nos**	(primera persona)
te	**os**	(segunda persona)
le/la/lo	**les/las/los**	(tercera persona)

En la tercera pesona hay especialización de formas para el complemento directo y el indirecto:

		masculino	*femenino*	*neutro*
complemento	*sing:*	**lo/le**	**la**	**lo**
directo	*plur:*	**los/les**	**las**	—
complemento	*sing:*	**le**	**le**	—
indirecto	*plur:*	**les**	**les**	—

Verbo

El presente de subjuntivo

a) En oraciones subordinadas: tiene matiz de futuro.

Quiero que presentes este espacio televisivo.
Me han pedido que les explique.

b) En oraciones independientes:

    — imperativas negativas: *no me acompañes.*

    — dubitativas, indicando probabilidad (detrás de los adverbios, quizás, acaso, tal vez, seguramente, posiblemente): *quizá visitemos el centro de cálculo.*

    — exclamativas y desiderativas: *¡Que te den el puesto de trabajo!*

    — en oraciones reduplicativas: *haga lo que haga, dígamelo.*

Se + verbo

a) Pasiva refleja con el verbo en tercera persona del singular (si el sujeto es singular) o del plural (en caso contrario): *las entidades se clasifican de acuerdo con..., cada banco se especializa.*

b) Construcción impersonal.

    1. **Se + verbo** transitivo o intransitivo en tercera persona del singular + adverbio: *se habla mucho.*

    2. **Se + verbo** transitivo en tercera persona del singular + objeto directo: *se estudia la zona.*

El futuro de indicativo se expresa:

a) una acción futura en relación al momento en que se habla:

    Mañana continuaremos la explicación.

b) obligación en futuro, en lugar del imperativo:

    El director estudiará la zona.

c) probabilidad, suposición o vacilación:

    No sabemos qué estarán diciendo.

d) Sorpresa, en oraciones interrogativas y exclamativas:

    ¿Se atreverá a repetirlo?

    ¡Tendrá valor!

Imperativo

Es el modo con el que se expresan las órdenes, los ruegos, los mandatos, los deseos. Sólo tiene dos formas personales, segunda persona de singular y la de plural (tú, usted, vosotros, ustedes). Las demás formas pertenecen al subjuntivo. También se utiliza el subjuntivo para expresar las prohibiciones.

    Venga conmigo   *No vengan aquí*

Adverbios

Los adverbios carecen de género y número. Generalmente van detrás del verbo, aunque algunos suelen ir delante.

a) *de tiempo:* ayer, hoy, mañana, ahora, antes, después, luego, siempre, nunca, todavía, pronto, tarde, temprano, mientras, etc.

b) *frases adverbiales de tiempo:* por la mañana, por la tarde, por la noche, etc.

c) *de lugar:* aquí, ahí, allí, abajo, delante, detrás, dentro, fuera, cerca, lejos, etc.

d) *frases adverbiales de lugar:* en el centro, a la derecha, a la izquierda, etc.

    Adjetivos gentilicios designan a los habitantes de una ciudad, región o país.

    — eno: chileno, esloveno, sarraceno

    — ense: almeriense, lucense, tarraconense

    — és: inglés, portugués, japonés

    — aco: austriaco, eslovaco, polaco

    — án: alemán, catalán

    — ano: italiano, asturiano

    — ino: argentino, neoyorkino

    — io: canario, sirio

    — ita: moscovita

    — ol: español, mongol

    — ota: cairota, chipriota

    — eño: madrileño, extremeño

    — í: ceutí, marroquí

    — ú: zulú, hindú

Puntuación (II)

El punto y la coma (;): indica una pausa más intensa que la coma: *Nos enseñó las instalaciones; luego nos sentamos en su despacho.*

Los puntos suspensivos (...): indican que el discurso queda sin terminar.

Los signos de interrogación y de admiración (¿ ? ¡ !): van al principio y al final de la frase interrogativa o exclamativa: *¿Para qué sirve...? ¡Estupendo!*

División de palabras

a) toda consonante entre dos vocales se agrupa con la segunda: *rá-pi-do.*

b) cuando hay dos consonantes entre dos vocales, la primera se agrupa con la vocal anterior y la segunda con la posterior: *im-por-tan-te.*

c) los grupos consonánticos que llevan *l* o *r* como segundo elemento, no se separan: *in-glés.*

d) tres consonantes juntas entre dos vocales, se agrupan las dos primeras con la vocal anterior y la tercera con la posterior: *ins-tan-cia.*

e) ch, ll, rr, no se separan: *mi-llón, aho-rro, te-cho.*

f) el prefijo des- puede separarse solo o en sílabas (seguido de vocal): *des-ajustar, de-sa-jus-tar.*

Porcentaje

Número de cualquier clase de cosas que se toma, o se considera, de cada cien de ellas: *el porcentaje de mujeres que trabaja en la banca.*

Tanto por ciento: interés producido por cien unidades monetarias en la unidad de tiempo que se especifique: *al 16 %* (dieciséis por ciento) *anual.*

al 5 % (cinco por ciento) *mensual.*

Medidas de longitud

Milímetro (mm): milésima parte del metro.
Centímetro (cm): centésima parte del metro.
Decímetro (dm): décima parte del metro.
Metro (m).
Decámetro (Dm): diez metros.
Hectómetro (Hm): cien metros.
Kilómetro (Km): mil metros.
Medidas de superficie
Metro cuadrado (m^2)
Área (a): cien metros cuadrados.
Hectárea (ha): cien áreas.

UNIDAD 3

Candidato: persona que aspira a algún puesto de trabajo.
Encabezamiento: parte introductoria de un documento.
Perfil: características para desempeñar un puesto de trabajo.
Ubicación: situación.

Activo: conjunto de elementos patrimoniales de una empresa que representa los bienes o derecho que ésta posee.

Apoderado: persona que tiene poderes para representar y proceder en nombre de una entidad.

Informática: ciencia del tratamiento de la información, mediante máquinas automáticas.

Intervención: actividad que consiste en examinar y fiscalizar las cuentas con autoridad suficiente, mediación con autoridad.

Pasivo: estructura financiera del patrimonio de una empresa, conjunto de elementos patrimoniales de una empresa que representa el total de sus deudas y obligaciones.

Aficiones: actividades artísticas, deportivas, etc., que se practican por gusto.

Aspiraciones económicas: sueldo que se desea ganar.

Cita: señalamiento de día, hora y lugar para verse y hablarse dos personas.

Entrevistador: persona que conduce la reunión o entrevista con el fin de seleccionar personal para una empresa.

Impecablemente: perfectamente, con mucho cuidado.

Proyectarse: reconocer en otra persona lo que se rechaza o no se reconoce en uno mismo.

Reconomiento médico: examen para conocer el estado de salud de una persona.

Titulación: acreditación del nivel de estudios.

Expresar ofertas

Banco Nacional precisa directores.
Se ofrece posibilidad de formación.
Ofrecen incorporación inmediata.
El Banco busca responsables de la Financiación.
Entidad bancaria desea seleccionar.

Exponer requisitos

Buscamos profesionales que tengan experiencia.
Se requiere formación de grado medio.
Cualificaciones: experiencia de tres años en puesto similar.

Dar razones

Ya que tengo experiencia en...
Dado que creo reunir los requisitos.
Para realizar unos test y, posteriormente, una entrevista personal.
Por ello, nos gustaría conservar su historial.

Hablar de condiciones económicas

Ingresos del orden de dos millones.
Nivel de retribución claramente competitivo.

Expresar preparación profesional

Tengo experiencia en el área de intervención bancaria.
Cuento con experiencia en un puesto similar.

Describir personas físicas y jurídicas

En la actualidad, tengo 33 años.
Entidad bancaria internacional con fuerte y antigua implantación en España.
El BEI es la institución bancaria de la Comunidad Europea.
Personas jóvenes, excelente presencia.

Expresar consejos y advertencias

Hay que tener en cuenta las siguientes recomendaciones.
¿A qué hora debe llegar?
¿Debería pedir permiso para fumar?

Pedir y dar información (en pasado)

¿Te han dado el puesto?
¿Cuántas personas le han entrevistado?
La entrevista fue a las siete.

Indicar el momento exacto

¿Cuándo le han citado?
Tendrá que estar en nuestras oficinas el miércoles 25 del presente mes, a las 10.00.

Artículos

	definido		indefinido	
masculino	**el**	**los**	**un**	**unos**
femenino	**la**	**las**	**una**	**unas**
neutro	**lo**			
contracto	**a + el: al**		**de + el: del**	

Pronombres reflexivos

Se caracterizan porque siempre se refieren al sujeto de la oración:
Se vuelven los tres juntos.

Las formas de los pronombres reflexivos coinciden con las de los pronombres átonos (*me, te, nos, os*), a excepción de las terceras personas, singular y plural, cuyas formas son: *se, si, consigo,* para el signular y el plural.

Se utilizan con verbos transitivos e indican que la acción recae sobre el mismo sujeto que la ejecuta: *se ha sentado a la mesa.*

Verbo

Ser

a) expresa identificación: *Soy Jaime Peña.*
   Es el interventor general.
b) indica profesión: *son los documentalistas.*
c) expresa nacionalidad, religión, política o estilo artístico: *son españoles, católicos, liberales.*
d) posesión: *es mi cartera.*
f) tiempo, cantidad, origen, precio: *son las ocho de la tarde, hay treinta documentos, somos de Madrid, ¿cuánto es?*
g) materia: *es de cuero.*
h) impersonalidad: *es necesario saber idiomas e informática.*

Estar

a) expresa situación temporal o física: *estamos aquí, estamos a lunes.*

b) estado físico o mental: *estamos cansados, está bien.*

En algunas ocasiones se puede utilizar ser o estar + adjetivo indistintamente.

Si se utiliza «ser», es para indicar cualidad objetiva o condición normal: *la ubicación de la oficina es perfecta.*

Si se utiliza «estar», se indica una impresión personal, subjetiva: *el cuadro está perfecto.*

El pretérito imperfecto de indicativo expresa:

a) acción habitual en el pasado: *siempre leíamos lo mismo.*

b) sentido reiterativo o de repetición: *repetía a menudo la presentación.*

c) valor de cortesía: *queríamos pedirle algo.*

d) opinión: *Me parecía una buena idea.*

e) se ntido incoativo: *salíamos del banco cuando empezó a llover.*

El pretérito indefinido de indicativo expresa:

a) una acción concluída en el pasado: *me exigió el carné.*

b) una acción interrumpida en cierto momento del pasado: *estuvimos en la biblioteca hasta que llegó el jefe.*

El pretérito perfecto de indicativo expresa:

a) una acción acabada, realizada en el pasado, asociado de alguna manera al presente: *hemos hecho la selección de candidatos.*

Preposiciones

A

a) acompaña siempre al complemento indirecto de la oración: *mostró las instalaciones a los estudiantes.*

b) acompaña al complemento directo de la oración (persona): *no comprendo a mi jefe.*

c) se usa para expresar la hora: *la cita es a la una.*

d) indica una situación limítrofe o de contacto: *nos sentamos a la mesa.*

e) indica distancia: *la sala está a diez metros de aquí.*

f) precede al infinitivo con el artículo (al) para indicar que una acción se desarrolla al mismo tiempo que otra: *al entrar, le saludé.*

De

a) procedencia: *es de México.*

b) posesión o pertenencia: *la puerta de la entidad bancaria.*

c) contenido de alguna cosa: *un libro de contabilidad.*

d) materia: *una carpeta de plástico.*

e) asunto o tema del que se trata: *hablamos de los tipos de interés.*

f) edad: *este edificio tiene una antigüedad de cuarenta años.*

g) precio: *el local de cincuenta millones es más amplio.*

Memoria

Puntuación (III)

Las comillas («»): se utilizan para encerrar frases o palabras textuales: *la empleada comentó: «A continuación, veremos la sala de operaciones».*

El paréntesis (( )): se utiliza para aclarar algo en una frase. También se emplea para desarrollar abreviaturas o siglas: *S.F.E. (Sistema Financiero Español),* o especificar cifras o fechas: *1.500 (mil quinientas).*

El guión (-): se usa para dividir las palabras al final de la línea, para separar compuestos: *cuenta-vivienda.*

El guión largo (—): puede sustituir al paréntesis y se utiliza para introducir diálogos: — *Hola, ¿qué tal está?*

Abreviaturas (ver apéndice)

A.R.: *Alteza Real*
Dr.: *Doctor/Director*
Excmo.: *Excelentísimo*
Fdo.: *Firmado*
Ilmo.: *Ilustrísimo*
Izq./Izq.º: *izquierdo*

Sr. D.: *Señor Don*
Sra. D.ª: *Señora Doña*
Sres.: *Señores*
Srta.: Señorita
S.M.: *Su Majestad*
V.M.: *Vuestra Majestad*

Fechas

22 de agosto de 1994 (veintidós de agosto de mil novecientos noventa y cuatro)
10-7-72 (diez del siete del setenta y dos)
15/12/93 (quince del doce del noventa y tres)
Estamos a quince de agosto
Estamos en el siglo veinte (Siglo XX)

La hora

¿Qué hora es?

Es la una (13.00)
Son las doce (12.00)
Son las doce y cuarto (12.15)
Son las dos y media (14.30)
Es la una menos cuarto (12.45)
Son las doce y diez (12.10)
Son las doce y veinte (12.20)
Es la una menos veinte (12.40)
Es la una menos cinco (12.55)

También se puede decir:

08.45: las ocho cuarenta y cinco
08.00: las ocho en punto.
08.15: las ocho quince.
08.30: las ocho treinta.

Números cardinales

1.	uno	11.	once	21.	veintiuno	100.	cien/ciento
2.	dos	12.	doce	22.	veintidós	101.	ciento uno
3.	tres	13.	trece	30.	treinta	102.	ciento dos
4.	cuatro	14.	catorce	31.	treinta y uno	200.	doscientos
5.	cinco	15.	quince	40.	cuarenta	210.	doscientos diez
6.	seis	16.	dieciséis	50.	cincuenta	300.	trescientos
7.	siete	17.	diecisiete	60.	sesenta	400.	cuatrocientos
8.	ocho	18.	dieciocho	70.	setenta	500.	quinientos
9.	nueve	19.	diecinueve	80.	ochenta	600.	seiscientos
10.	diez	20.	veinte	90.	noventa	700.	setecientos

800. ochocientos	1.000.000. un millón
900. novecientos	2.250.000. dos millones doscientos cincuenta mil (dos millones y cuarto)
1.000. mil	
2.000. dos mil	5.500.000. cinco millones quinientos mil (cinco millones y medio)

UNIDAD 4

Diccionario A

Aceptación: en letras de cambio o documentos de crédito, reconocimiento por el librado de su obligación de pagar el efecto a su vencimiento.

Aval: cláusula cambiaria por la que una persona responde del pago de una letra de cambio u otra obligación como fiador de los obligados en ella.

Crédito: anticipo de fondos efectuado por un banco o una entidad bancaria y que se debe devolver con el interés y en la forma convenidos.

Custodia: conservación de títulos de los clientes por parte de una entidad bancaria.

Descuento comercial: operación por la cual un banco adquiere una letra de cambio de su librador, del cual percibe un interés por anticiparle dicha cantidad, cuyo cobro no podrá efectuar hasta la fecha del vencimiento de la letra.

Imposición: cantidad que se deposita en una cuenta.

Mediación: contrato por el cual una de las partes se obliga a dar a otra una remuneración o comisión por su intervención en un contrato o negocio.

Préstamo: cantidad determinada de dinero que se entrega por un plazo fijo.

Valores: documentos que, emitidos por una persona física o jurídica, materializan los derechos de crédito o asociación de los propietarios de dichos documentos (acciones y obligaciones).

Diccionario B

Anticipo a descubiertos: pago a cuenta de una cantidad debida, cuando el titular de una cuenta posee un saldo deudor.

Hipotecario: que se asegura con una hipoteca.

Instalaciones: conjunto de cosas puestas en un lugar para dar un servicio.

Libreta de ahorro: cartilla que las entidades bancarias entregan a sus depositantes y donde se anotan los depósitos y reembolsos efectuados y los intereses producidos.

Negocios: transacción comercial que comporta una utilidad o una pérdida. Operación comercial ventajosa.

Prendatario: relativo al contrato de prenda.

Tipo de interés: cantidad, en tanto por ciento, que debe pagar el deudor al acreedor en compensación por la cantidad de crédito recibido.

Diccionario C

Contabilidad: métodos y conocimientos encaminados a anotar, analizar y estudiar los movimientos económicos y financieros de una empresa.

Debe: parte de una cuenta en la que se anotan los cargos de la misma.

Extracto de cuenta: transcripción de los asientos inscritos en una cuenta durante un período determinado, expresando el saldo resultante.

Haber: parte de una cuenta en la que constan los abonos de la misma.

Por cuenta del cliente: en nombre del cliente.

Remesa: conjunto de efectos comerciales enviados a un banco para su descuento comercial.

Solicitar aclaraciones, información

Dame algunos detalles o mejor...
¿Para algún negocio?
¿Has hecho ya alguna gestión?
¿Tiene usted cuenta con nosotros?

Dar razones, motivos, explicaciones

Ya que el banco entrega el dinero...
Puesto que lo que la entidad presta es su firma.
Ya sabes... mi proyecto empresarial me ha exigido...
Es que ahora tengo prisa.

Clarificar información

Y, antes de continuar, ¿podrían decirme...?
O sea, un préstamo
Operaciones llamadas también de captación de recursos.

Expresar intención o propósito

Hoy vamos a iniciar el tema IV
Para ello, vamos a distinguir...
Mañana continuaremos con este tema.
Te llamo porque quería comentarte...
Voy a solicitar un crédito.

Expresar necesidad

Necesito que me asesores.
¿Cuánto va a necesitar?
Dos millones ahora y seis y medio en agosto.

Exponer dudas, desconocimiento

No sé. Depende de las condiciones.
Depende de...

Estipular condiciones contractuales

Contrato por el que la persona se obliga a pagar.
El aval puede darse por escrito o en la misma letra cambiaria.
La cuenta corriente es un contrato mediante el cual una o varias personas...
El banco tendrá derecho/la obligación.

Concertar citas

¿Te viene bien mañana a las diez?
De acuerdo. Hasta mañana.
¿Podría venir mañana? Por supuesto.

Sugerir conveniencia, posibilidad

> *Puede recurrir a la banca privada o...*
> *Te iba a sugerir eso.*
> *Conviene que tengas en cuenta...*
> *O mejor, ¿por qué no vienes a verme?*

Perífrasis con infinitivo

a) **Ir a + infinitivo:** expresa una acción futura inmediata, con matiz de intencionalidad: *hoy vamos a iniciar el tema IV* (tengo la intención)
> *Íbamos a leer* (teníamos la intención).

b) **Dejar de + infinitivo:** indica la finalización de una acción que estaba desarrollándose: *Ya ha dejado de hablar.*

Futuro hipotético o condicional

Indica una acción futura, un hecho irreal, probable o posible.

a) futuro en el pasado: *me dijo que llamaría.*

b) consejo, sugerencia o cortesía: *debería tomar nota.*
> *¿Podría venir mañana? ¿Te vendría bien a las diez?*

Adverbios

De modo: **bien, mal, peor, mejor, así**, etc. A esta categoría pertenecen la mayoría de los adverbios terminados en -mente, que se forman añadiendo esta terminación a la forma femenina del adjetivo: *formal-formalmente; perfecta-perfectamente.*

Frases adverbiales de modo: *de repente, de nuevo, otra vez*, etc.

Ya: tiene valor de conjunción o de adverbio. Como adverbio confirma la realización de una acción, en pasado, presente o futuro: *ya he terminado.*

Todavía/Aún: puede señalar persistencia de la realidad o circunstancia:
> *Aún no hemos visto los salones.*
> *No hemos llegado todavía.*

Oraciones subordinadas causales

Este tipo de oraciones explican la causa o motivo por la que se lleva a cabo la acción principal.

Los nexos utilizados son: *que, pues, porque, puesto que, de que, ya que, como, como que, pues que, supuesto que, como quiera que, en vista de que, por cuanto, a causa de que, cuando,* etc.

Preposiciones

De/desde:

a) indican punto de partida en el espacio o en el tiempo: *de Madrid a Estocolmo tardamos más de cuatro horas. Desde Barcelona son sólo tres horas.*

b) desde, se utiliza también, si no se especifica el término de la acción verbal: *no le veo desde ayer.*

En:

a) expresa la idea de relación estática, de reposo: *la sucursal está en la calle Mayor.*

b) indica precio, instrumento o medio: *vamos en avión. Hablán en español. Lo adjudicaron en tres millones.*

c) significado modal: *en serio.*

A/hasta:

Delimitan el punto de llegada o el momento: *abierto de 8.00 a 13.00. Hemos estado aquí desde las tres hasta las cinco.*

Pretérito imperfecto de subjuntivo

a) en oraciones subordinadas: expresa una acción que puede ser pasada, presente o futura: *busqué un local que fuera grande.*

b) en oraciones independientes: expresa una acción presente o futura solamente: *quisiera hablar con usted.*

Pretérito perfecto de subjuntivo

Se refiere a una acción ya concluida pero cuya realidad se presenta como hipotética. En cuanto al tiempo, la acción en sí puede ser pasada o futura.

a) en oraciones subordinadas: *no creo que hayan venido ya.*

b) en oraciones independientes: *¡Ojalá que hayan llegado! Tal vez se hayan quedado en la oficina a trabajar.*

> *El verbo necesitar*
> **Necesitar + complemento directo:** *necesito información.*
> **Necesitar + infinitivo:** *necesito ahorrar para este verano.*
> **Necesito que + subjuntivo:** *necesito que me ayudes.*

Números romanos

Esta numeración se utiliza para indicar el número de orden en una sucesión: papas, monarcas, nobles, acontecimientos (congresos, ferias, festivales), siglos, el año de edificación de los monumentos y la numeración de los capítulos de los libros.

Felipe V (quinto)   *Pablo VI* (sexto)
Carlos III (tercero)   *Siglo XV* (quince)
Isabel II (segunda)   *MDCCLV* (1755)
Capítulo IV (cuarto)

I = 1   X = 10   C = 100
V = 5   L = 50   D = 500
                                        M = 1.000

Operaciones aritméticas

Sumar: 30 + 50 = 80 (treinta más cincuenta es igual a ochenta).
Restar: 30 - 20 = 10 (treinta menos veinte es igual a diez).
Multiplicar: 30 x 10 = 300 (treinta por diez es igual a trescientos).
Dividir: 30 : 3 = 10 (treinta entre tres es igual a diez).

Diccionario A

Caja de seguridad: armario metálico blindado, provisto de cerraduras y dispositivos de apertura especiales que se usa para guardar dinero u objetos de valor y protegerlos contra el robo o incendio.

Cualificado: especialmente preparado, formado.

Equipo humano: grupo de personas organizadas para un trabajo o servicio determinado.

Leasing: contrato mediante el cual una empresa disfruta de una serie de bienes a cambio del pago de una cantidad periódica durante un determinado plazo de tiempo. Es un arrendamiento, al término del cual se puede optar por la compra de los bienes.

Pagaré: título-valor por el que el firmante reconoce una deuda y se obliga a pagarla, en el lugar y fecha determinada.

Plan de pensiones: instrumento de inversión cuya finalidad es facilitar el bienestar futuro de la población al término de su actividad laboral.

Soporte informático: cualquier elemento, cintas o discos, capaz de registrar la información de un sistema informático.

Diccionario B

Débito: conjunto de cantidades anotadas en el Debe de una cuenta y que representa bienes o derechos poseídos por la empresa o el titular de una cuenta.

Excedente de tesorería: saldo positivo.

Factoring: operación que realiza una empresa encargándose del cobro de las facturas de otra y de resolver los impagados.

Rentabilizar: sacar el máximo provecho.

Tesorería: parte del activo de una empresa disponible en metálico o fácilmente realizable para efectuar pagos.

Diccionario C

Beca: ayuda económica para estudiar.

De moda: según el gusto del momento.

Divisa: moneda del país, considerada en relación con otras monedas.

Mostrador: mesa o mueble sobre la que se trabaja.

Presupuesto: expresión contable de las actividades económicas programadas por una empresa en un determinado período de tiempo.

PYMES: pequeñas y medianas empresas.

TAE: tasa anual de equivalencia, interés efectivo.

Talonario: librito de talones o cheques.

TPV: terminales de ordenador en punto de venta.

Funciones

Expresar cantidad

> *Anticipos de hasta 200.000 pesetas... y un crédito a 36 meses.*
> *Con un tipo de interés que oscila entre el 15 % y el 16 %.*

Ofrecer servicios

> *Día a día nos esforzamos por darle más y mejores servicios.*
> *Estamos a su entera disposición.*
> *Tanto en España como en el extranjero, cuente con nosotros.*
> *Deje que nosotros nos ocupemos del cobro de...*

Expresar acciones en pasado (reciente)

He sido nombrada Directora.
Acaba de estallar la guerra comercial.
Ya he ido al banco.
Los bancos acaban de ofrecer...

Expresar condiciones

Si tiene usted una empresa...
Si necesita financiación...
Con un interés anual del 12 % y un plazo de amortización de...

Hacer comparaciones

Es uno de los instrumentos crediticios más importantes.
Soluciones rápidas y más eficaces.
Los mejores medios para realizar sus gestiones.
La mejor vía para planificar su jubilación.

Expresar finalidad

Han tenido que imaginar productos financieros para atraer la atención...
Crédito para adquirir vivienda.
Talonarios para manejar el dinero.

Manifestar posibilidad

Tiene la posibilidad de conseguir anticipos.
Incluso la posibilidad de realizar prácticas laborales.
Permite disponer de liquidez.
Una fija... y otra variable.

Expresar preocupación, dar tranquilidad y apoyo

Me preocupa la jubilación. No se preocupe.
Cuente con nuestro servicio-empresa. siempre a su disposición.
Dispuestos a colaborar.

Adjetivos

El adjetivo concuerda en género y número con el sustantivo al que acompaña. Los adjetivos **superior, inferior, exterior e interior** tienen la misma forma para el masculino y para el femenino.

Los adjetivos que indican **nacionalidad, color, religión, política y cualidades físicas** van detrás del sustantivo.

Otras posiblidades:

a)   detrás del nombre (especificativo):
       una explicación larga y detallada.
b)   delante del nombre (para realzar la cualidad):
       la compleja organización.
c)   detrás del verbo (predicado):
       la conferencia era interesante.

Grados de comparación

a)   igualdad: **tan como, tanto como**
       Este servicio es tan rápido como el anterior
       No uso tanto la tarjeta de crédito como los cheques

b) superioridad: **más que**

> *Es más importante el cliente que el negocio.*

c) inferioridad: **menos que**

> *Este documento está menos claro que el fax.*

d) formas irregulares:

positivo	comparativo	superlativo
bueno	mejor	óptimo, el mejor
malo	peor	pésimo, el peor
pequeño	menor	mínimo, el menor
grande	mayor	máximo, el mayor

e) ***tanto... como, tan poco... como***

Perífrasis verbales con infinito

Acabar de + infinitivo: expresa una acción acabada inmediatamente antes del momento en que se desarrolla la acción: *acabo de llamarle. Acaba de estallar una guerra comercial.*

Coordinadas distributivas

Se utilizan para hacer referencia a una distribución de acciones entre varios sujetos o diversos lugares, tiempos o circunstancias. Se enlazan mediante palabras correlativas: *ya... ya, bien... bien, sea... sea: ya sea en España ya en el extranjero. Bien en dinero bien en cheque.*

Adverbios de cantidad: **más, menos, muy, mucho, poco, demasiado, bastante, todo, nada, casi, algo, solo, tan, tanto.**

Los adverbios tanto y mucho se acortan (tan y muy) delante de un adjetivo o de un adverbio: *era un asunto tan importante...*

> *eso está muy bien.*

Formación de las palabras

Por composición: son aquellas que resultan de unir otras que previamente tenían forma y significado autónomo. Se pueden subdividir en dos grandes grupos: ***por fusión y por unión.***

Por fusión: sustantivo + sustantivo: *carricoche, compraventa.*

sustantivo + adjetivo: *pelirrojo.*

adjetivo + sustantivo: *medianoche.*

sustantivo y verbo: *abrelatas.*

sólo adjetivos: *agridulce.*

fusiones facultativas: *hispanobelga.*

Por unión: es una composición de sustantivos, mantienen sus acentos respectivos y se escriben juntos o unidos por un guión.

La variación de número suele afectar sólo al primer sustantivo: *hombres-clave, palabras-clave, cuenta-vivienda.*

Oraciones subordinadas condicionales

Son todas aquellas en las que la realización de lo señalado en la oración principal está condicionado por el cumplimiento de lo expresado en la subordinada. Generalmente este tipo de subordinadas se introduce con el nexo «si».

a) *Oración subordinada*

Presente de indicativo
Pretérito perfecto de indicativo

Oración principal

Presente de indicativo
Futuro
Imperativo

Si tiene una empresa, le ayudaremos.

Si ha llegado el fax, tráemelo.

Contestaremos a nuestros clientes.

Pretérito imperfecto de indicativo   Pretérito imperfecto de indicativo

Si leía muchos informes, se cansaba y tenía que descansar.

Pretérito pluscuamperfecto de indic.   Pretérito imperfecto de indicativo

Condicional

Si había terminado la reunión,   *pedía un café.*
la comentaría.

b) Si la acción que se señala es presente o futuro (posible o imposible), se utiliza el imperfecto de subjuntivo. Si la acción es pasado, se utiliza el pluscuamperfecto.

Oración subordinada   *Oración principal*

Pretérito imperfecto de subjuntivo   condicional

Si captases muchos clientes, no tendrías problemas.

Pretérito pluscuamperfecto de   Pretérito pluscuamperfecto de
subjuntivo   subjuntivo

Condicional simple

Condicional perfecto

Si hubieras llegado a tiempo,   *hubieras entendido la conferencia.*
entenderías la conferencia.
habrás entendido la conferencia.

Voz pasiva

Cuando se quiere dar mayor énfasis al complemento directo se puede utilizar la voz pasiva:

sujeto paciente + voz pasiva + sujeto agente:

La oficina fue amueblada totalmente en blanco.

La directora ha sido nombrada por el Consejo de Administración.

Voz activa: *El Consejo de Administración ha nombrado a la directora.*

Multiplicativos

Indican idea de colectividad en una cantidad determinada:

Adjetivos·   *Sustantivos*

2, doble   doble/duplo

3, triple   triple

4, cuádruple   cuádruplo

5, quíntuple   quíntuplo

Partitivos

Indican la parte de un todo

1/2, un medio   1/8, un octavo

1/3, un tercio   1/9, un noveno

1/4, un cuarto   1/10, un décimo

1/5, un quinto   1/11, un onceavo

1/6, un sexto   1/12, un doceavo

1/7, un séptimo   1/13, un treceavo

Diccionario A

Código personal: conjunto de cifras utilizadas para identificar a un cliente.

Compensación: operación por la cual las compras y las ventas se liquidan por medio de transferencias recíprocas, sin desplazamientos de títulos ni de dinero

Cámara de compensación: asociación bancaria para facilitar el intercambio de cheques, pagarés y letras, saldando la diferencia entre el Debe y el Haber.

Domiciliación: lugar donde se efectúa el pago de un efecto, generalmente el banco.

Impreso: papel con algún destino o función especial.

Interés: retribución del capital monetario.

Matrícula de la Universidad: formalidad que se debe cumplir para seguir estudios en un centro superior de enseñanza.

Saldo: diferencia existente entre el Debe y el Haber de una cuenta.

Diccionario B

Cotizar: pagar una cantidad o cuota.

Reembolso: devolución de acuerdo con la forma y período de tiempo convenido.

Riesgo del cambio: posibilidad de pérdida de valor de las divisas.

Diccionario C

Alcurnia: ascendencia, linaje.

Argot: lenguaje especial entre las personas del mismo oficio o actividad.

Bienes duraderos: objetos que subsisten muchos años.

Encuesta: estudio hecho por medio de un cuestionario con el fin de reunir información sobre un tema.

Endeudarse: llenarse de deudas u obligaciones.

Equivocación: acción o decisión incorrecta o desacertada.

Ocio: tiempo libre, fuera de las ocupaciones u obligaciones.

Poder adquisitivo: capacidad de comprar bienes o servicios.

Póliza: documento que materializa y justifica algunas operaciones comerciales. También, anotación sobre las operaciones en Bolsa.

Funciones

Expresar hipótesis

> *Supongo que... Me imagino que...*
> *Tal vez... Yo diría que...*

Indicar situación exacta

> *Ahí enfrente le atienden.*
> *El segundo mostrador a la izquierda.*
> *Aquí abajo.*
> *Firme aquí, por favor.*

Confirmar suposiciones, comprobar comprensión

> *Puedo cobrar este cheque aquí, ¿verdad?*
> *Tendrán ustedes marcos, ¿verdad?*
> *Firmo por detrás, ¿no?*
> *Puedo llevar hasta 350.000, ¿verdad?*

Dar razones, argumentar, persuadir

Voy a tener que ir a varios países y bueno...

Depende... porque algunos no cotizan aquí.

Son más cómodos y, además, más seguros.

Mientras que los cheques de viaje están reconocidos...

Verificar información o datos

¿Me dices el número de la cuenta?

¿Me dice su código personal?

Eso es.

Expresar cantidad

Llevaré doscientos dólares en moneda pequeña.

Tres mil dólares en cheques de cien.

Pedir y dar consejos, sugerencias

Desearía que me aconsejara.

Yo le aconsejaría que llevase...

¿No sería mejor...?

Pedir información lingüística

¿Cómo se dice?

Ganar tiempo

Y bueno... Ya... y...

Entonces... vamos a ver...

Pero... desearía...

Describir una secuencia de hechos en pasado

A mediados de la década de los cincuenta.

La invasión del dinero de plástico llegó...

Las tarjetas reforzaron su posición.

Expresar contraste

Sin embargo, el 75 % de los bienes se pagan...

No obstante, la financiación con tarjeta...

Tengo varias tarjetas de crédito pero...

Hablar de medios de pago

Tengo varias tarjetas de crédito.

Los cheques de viaje están reconocidos.

Doscientos dólares en moneda pequeña.

Están las tarjetas de débito y las de crédito.

Expresar secuencia de hechos

A mediados de la década de los cincuenta...

En la década de los setenta... Posteriormente...

En primer lugar, están...

En segundo lugar tenemos... Finalmente...

Expresar quejas y reclamaciones

Creo que ha habido un error.

Siento tener que decirles...
Quisiera que verificaran...
Quisiera hacer una reclamación.

Pedir disculpas

Lo siento mucho.
Le ruego nos disculpe.
Espero que no vuelva a ocurrir.

Gramática

Uso del subjuntivo

a) El verbo principal niega la constatación de la realidad:
> *No creo que venga.*
> *No es cierto que lo sepa.*

b) El sujeto del verbo principal influye sobre el sujeto de la subordinada:
> *Le aconsejo que invierta.*

c) El verbo principal expresa reacción subjetiva del sujeto de la principal ante el hecho expresado por la subordinada:
> *Me molesta que no me lo digas.*

d) El verbo principal expresa un juicio de valor:
> *Es necesario que asistas a la reunión.*

e) Expresa un hecho no experimentado:
> *Cuando llegue, avíseme.*

Oraciones adversativas

Las coordinadas adversativas son aquellas oraciones en las cuales se contrapone una oración afirmativa y otra negativa. Las conjunciones utilizadas como nexo son: ***más, pero, empero, sino, aunque, no obstante, antes bien, sin embargo.***

Varias locuciones puden tener valor adversativo: ***excepto, fuera de, más que, salvo que, con todo, antes bien.***

Adverbios de afirmación: *sí, verdaderamente, también.*

Adverbios de negación: *no, nunca, jamás, tampoco.*

Adverbios de duda: *quizá, tal véz, acaso, a lo mejor.*

Memoria

Abreviaturas (ver apéndice)

Colectivos relacionados con los números

Sin especificar

1, unidad
2, par/pareja
3, trío
10, decena
12, docena
15, quincena
20, veintena
100, centena/centenar/ciento
1.000, mil/miles/millar

Grupos de años

2, bienio
3, trienio
4, cuatrienio
5, quinquenio/lustro
6, sexenio
10, década
100, siglo
1.000, milenio

Unidad monetaria

La unidad monetaria en España es la peseta, dividida en céntimos. Los billetes de banco (papel moneda) tienen un valor de 1.000, 2.000, 5.000 y 10.000 pesetas. Las monedas tienen un valor de 1, 2, 5, 10, 25, 50, 100, 200 y 500 pesetas.

Número de teléfono

El número de teléfono se puede decir:

a) por separado, de izquierda a derecha: 734 28 90 (siete, tres, cuatro, dos, ocho, nueve, cero).

b) 47 32 90 (cuarenta y siete, treinta y dos, noventa).

c) si tiene siete cifras: 2 28 39 50 (dos, veintiocho, treinta y nueve, cincuenta).

UNIDAD 7

Accionariado: conjunto de accionistas de una sociedad anónima.

Big Bang: fase inicial.

Ciclo de conferencias: serie de conferencias relacionadas entre sí por el tema, la persona o la entidad organizadora.

Competencia: conjunto de funciones atribuidas a un órgano de la administración.

Configuración técnica: disposición del conjunto de elementos que constituyen un sistema.

Gravámen: impuestos sobre las rentas o sobre un caudal.

Indole: naturaleza y calidad de las cosas.

Mercado financiero: se nutre de la renta que las unidades de consumo, la empresa y las administraciones públicas ahorran. En él se negocia con fondos prestables ya sean dinero, activos financieros, créditos, etc.

Reglas de juego: conjunto de convenciones que deben cumplirse.

Alicuota: parte proporcional.

Activo financiero: elemento de activo circulante, de carácter monetario o fácilmente monetizable.

Balance: instrumento contable que tiene por objeto reflejar la situación de una empresa en un momento dado.

Carpeta: par de cubiertas que sirven para guardar documentos.

Mercado primario: o de emisión, es la parte del mercado de valores donde las empresas recaban recursos financieros de los ahorradores, mediante la emisión de acciones y obligaciones.

Mercado secundario: o de negociación, es la parte del mercado de valores donde se ponen en contacto los ahorradores para realizar transacciones con títulos ya emitidos.

Pormenorizada: descripción detallada.

Quiebra: estado legal aplicable a una empresa que no puede cumplir sus obligaciones, puesto que su pasivo supera a su activo, y se produce, judicialmente, la liquidación de patrimonio y el reparto de éste entre los acreedores.

Riesgo: posibilidad de pérdida, daño o perjuicio.

Certificado de legitimación: documento por el que se da fe de la veracidad de un hecho.

Contractual: procedente o derivado de un contrato.

Corretaje: derecho que percibe el intermediario de una determinada operación comercial.

Corro: en Bolsa, espacio circular rodeado de una balaustrada alrededor de la cual se hacen ofertas y demandas.

Especulación: operación comercial consistente en adquirir valores o efectos públicos para obtener beneficio en la reventa.

Hábil: legalmente capaz, laborable.

Índice bursátil: magnitud que refleja el estado o la evolución de los valores en Bolsa, con relación a su posición anterior.

Jerga bursátil: lengua especial utilizada por los profesionales de la Bolsa.

Liquidación: cierre periódico de operaciones para entregar los títulos comprados o pagar las diferencias pendientes.

Órdenes: peticiones en firme de operaciones en Bolsa.

Parqué: recinto reservado, en el salón de contratación de la Bolsa, para que se negocien los títulos ejecutando las órdenes de los clientes.

Póliza: anotación de las operaciones que se realizan en Bolsa.

Prorrateo: reparto proporcional de una cantidad entre varios que tienen derecho u obligación en ella.

Sociedad rectora: sociedad anónima encargada de regir y administrar las bolsas de valores, organizando los servicios necesarios.

Vendís: documentos que acreditan la venta de un determinado número de acciones a una persona concreta y que para su plena legalidad necesita la formalización ante notario o intermediario autorizado.

Warrant: bono de suscripción de nuevos títulos en condiciones definidas de antemano.

<table>
<tr><td>

Funciones

</td><td>

Describir cambios o reformas

Otro componente de la reforma ha sido la liberalización...
Además, se han introducido sistemas de información.
Se abren los mercados a la competencia.

Explicar motivos y razones

Reformas ocasionadas por distintos factores y razones.
Era necesaria la existencia de un organismo supervisor.
Se hacía preciso...

Pedir, dar consejo profesional

Quisiera que me aconsejara sobre la mejor forma de...
Habrá que tener en cuenta tres criterios básicos.
¿Qué me recomendaría?
¿En qué consisten los Fondos de Inversión?
Si me lo permite, yo le recomendaría...

Hablar de pros y contras

Por una parte... pero, por otra...
¿Renta fija o variable?
En cuanto a los Fondos Públicos...
Las acciones... y las obligaciones...

Expresar inseguridad

No estoy seguro.
No acabo de decidirme.
No sé... Depende...

</td></tr>
</table>

Expresar correlación de hechos

> *Cuanto más... más/menos*
> *Cuanto menos... menos/más*

Expresar restricción

> *Si bien el rendimiento anual dependerá de...*
> *Sin embargo, en otros mercados se puede...*

Exponer normas

> *Se negocia de acuerdo con un calendario establecido.*
> *La sección bursátil empieza a las diez.*
> *Cada valor tiene adjudicado diez minutos de contratación.*

Gramática

Cuanto: Relativo que se utiliza cuando el antecedente es indefinido. Delante de comparativos expresa la correlación en la intensidad de ambos:

> *Cuanto más duermes, más sueño tienes.*
> *Cuanto antes comience la reunión, mejor.*
> *Cuanto mayor sea el riesgo, mayor será la rentabilidad.*

Oraciones subordinadas modales

Se expresan:

a) Como: cuando el antecedente es un sustantivo o un adverbio de modo:

> *Se portó muy mal, como solía.*

b) Como para + infinitivo:

> *La Bolsa no está como para invertir.*

c) Según:

> *Todo se acordó según estaba escrito* (de la forma).

Estilo indirecto

En el estilo indirecto, el hablante transmite lo que alguien dice, ha dicho o dirá. Los cambios de estilo directo a indirecto afectan a los tiempos verbales, a las personas gramaticales y a los adverbios de lugar y tiempo.

a) Cuando el hablante transmite un mensaje en presente, los tiempos verbales no sufren variación (excepto el imperativo, que pasa a presente de subjuntivo):

> *Me quedo a terminar esto.*   *Dice que se queda a terminar esto.*
> *Termine su trabajo.*   *Dice que termine su trabajo.*

b) Cuando el hablante relata algo en pasado, la correspondencia de tiempo es:

Presente de indicativo........................ Imperfecto de indicativo
Imperfecto de indicativo .... Imperfecto de indicativo
Futuro de indicativo............................ Condicional
Indefinido de indicativo..................... Pluscuamperfecto de indicativo
Pretérito perfecto de indicativo........ Pluscuamperfecto de indicativo
Pluscuamperfecto de indicativo........ Pluscuamperfecto de indicativo
Futuro perfecto.................................... Condicional perfecto
Condicional.. Condicional
Imperativo.. Subjuntivo (imperfecto)

> *"He mecanografiado la carta"*   *Dijo que había mecanografiado la carta.*

Oraciones subordinadas concesivas

En las que se hace referencia a la existencia de una dificultad u obstáculo para poder hacer algo. La oración principal indica que se llevará a cabo la acción a pesar de la dificultad. Las dos oraciones se unen por medio de: *aunque, si bien, a pe-sar de, por más que.*

Formación de palabras

Derivación: procedimiento por el cual se forman vocablos, ampliando o alteran-do la estructura o significación.

Algunos prefijos:

Ante-: indica procedencia en el tiempo, lugar o valoración: *antepasado.*

De-: indica procedencia: *devengar.*

Inter-: significa participación de varios sujetos: *intercomunicación.*

Pre-: indica anterioridad en el tiempo, lugar o valoración: *prehistoria.*

Re-: indica repetición (con verbos) e intensificación (con adjetivos y nombres): *re-embolsa, renombre.*

Cultismos para indicar número

1, mono	7, hepta	100, hecta
2, bis/bi	8, octo	1.000, kilo
3, ter, tri	9, enea	10.000, miria
4, tetra	10, deca	
5, penta	11, undeca	
6, sex/hexa	12, dodeca	

Para indicar:

Ordenación o enumeración

ante todo

antes de nada

antes que nada

por de pronto

primero de todo

en primer lugar (en segundo...)

por últmo

por fin

finalmente

en cuanto a

respecto de

a este respecto

al respecto

en lo que concierne a

en lo concerniente a

en lo que atañe a

en lo tocante a

por lo que se refiere a

por lo que afecta a

por una parte/por otra

de un lado/de otro

Demostración

efectivamente

en efecto

tanto es así (que)

por supuesto

ciertamente

desde luego

lo cierto es que

la verdad es que

sin duda (alguna)

Restricción o atenuación

sin embargo

con todo

aun así

a pesar de ello

así y todo

al fin y al cabo

a (en) fin de cuentas

es verdad que... (pero)

ahora bien

en cambio

Adición

además	es más
asimismo	cabe añadir/observar
por otra parte	otro tanto puede decirse de
al mismo tiempo	por el contrario
algo parecido/semejante ocurre con	en cambio

Consecuencia		*Opinión*	*Resumen*
así	pues así	a juicio de muchos /de expertos	en suma en resumen total
pues	de ahí que	en opinión general	
por tanto	por ende	a mi (su/tu) entender /parecer	en resumidas cuentas
por lo tanto	total que	opino que	en una palabra
por consiguiente	de modo que	según (...) en fin	
en consecuencia	de suerte que		
consecuentemente			

UNIDAD 8

Diccionario A

Altavoz: aparato que emite al espacio variaciones de una corriente eléctrica, convirtiéndolas en sonidos audibles.

Borrador del acta: anotación sobre lo acordado o tratado en una reunión que se puede corregir antes de pasar al libro de actas.

Confidencialidad: garantía de secreto o reservado.

Convocatoria: anuncio o escrito por el que se cita a varias personas para que acudan a una reunión.

Desplazamiento: traslado de un sitio a otro.

Dieta: cantidad que recibe diariamente un trabajador que se desplaza de su lugar de residencia por razones de trabajo.

Espectáculo: actividad que se ejecuta en público para divertir.

Idiosincrasia: conjunto de características propias de un individuo o de una colectividad.

Libro de actas: relación escrita de lo acordado o tratado en una reunión.

Orden del día: relación de asuntos que deben tratarse en una reunión.

Procedimientos: conjunto de actos con los que se pretende alcanzar un resultado.

Diccionario B

Ascenso: promoción a mayor dignidad o empleo.

Nombramiento: designación para un cargo.

Pésame: manifestación de sentimiento por el fallecimiento de alguien.

Preferente: derecho concedido a los accionistas para comprar con anterioridad a otras personas.

Diccionario C

Auditoría: examen para verificar y elaborar un dictamen sobre la calidad y riesgo de la gestión de una entidad.

Cash flow: recursos generados (beneficios y amortizaciones) en un período determinado de tiempo; movimiento o flujo de caja.

Desglose: presentación de datos por separado.

Liderazgo: capacidad de ejercer autoridad en un grupo o sector.

Mercado interbancario: mercado de dinero que se desarrolla básicamente entre bancos y otras entidades de crédito. MIBOR es el tipo de interés del mercado interbancario de Madrid, a un determinado plazo.

Memoria: resumen general escrito sobre las actividades de una entidad.

Subalterno: empleado de categoría inferior.

Tendencia: inclinacinación en una dirección o hacia una determinada línea de acción.

<table>
<tr><td>

Funciones

</td><td>

Solicitar ayuda lingüística

¿Cómo se dice?
¿Cuál es la forma correcta de decir.../dirigirme a...?
¿Se puede decir...?
¿Está bien dicho.../escrito?

Expresar condolencia

Lamento sinceramente el fallecimiento.
Recibe mi más sentido pésame.
Deseo manifestarte mi sincera condolencia.
Nuestro sentido pésame por la pérdida.

Expresar felicitación

Mi más sincera felicitación.
Recibe mi felicitación.
Te felicito de todo corazón.
¡Enhorabuena!

Expresar condiciones de una reunión

Si no pudiera asistir... y deseara...
De no figurar en la delegación el nombre de la persona...
Todos los accionistas podrán...
Si es usted titular...
Para asistir a la Junta, deberá...

Sopesar y exponer alternativas

Quizá tiene razón el señor...
Tal vez deberíamos someterlo a votación.
Por tanto, desde el punto de vista financiero...
La única solución parece...
¿Y por qué no...?
¿Me permiten que les señale...?

Manifestar acuerdo o desacuerdo

Estoy de acuerdo con ustedes pero...
En líneas generales estoy de acuerdo.
Suscribo su propuesta.
Coincidimos plenamente.
Me opongo rotundamente.

</td></tr>
</table>

Describir cambios, tendencias

> *El* cash flow *ha descendido un 14 %.*
> *La Bolsa ha finalizado con un comportamiento alcista.*
> *El beneficio se eleva a...*

Exponer razones

> *La razón principal es que...*
> *Voto a favor/en contra porque...*
> *Estoy a favor ya que...*

Pedir, dar opinión

> *¿Cuál es su punto de vista?*
> *Me gustaría que nos expresara/expusiera...*
> *Personalmente, creo...*

Moderar, ceder el turno de palabra

> *Señores, por favor...*
> *Le ruego que...*
> *Señoras y señores...*
> *Su turno, señora...*
> *A continuación, tiene la palabra...*

Describir resultados de la gestión

> *Los activos totales han crecido más del doble.*
> *El incremento ha sido de un billón.*

Gramática

Oraciones subordinadas condicionales (ver Unidad 5)

Estilo directo:

> Es el que se utiliza para repetir textualmente las palabras del hablante al que menciona:
> *El presidente dijo: «Estamos inmersos en una revolución bancaria».*

Subjuntivo

Se usa subjuntivo cuando el verbo principal, en tercera persona singular, expresa un juicio de valor:

> *Es necesario lo que anotes.*

Expresiones que llevan subjuntivo:

> *Es necesario que...*
> *Es lógico que...*
> *Es importante que...*

> *Es fundamental que...*
> *Es curioso que...*
> *Es natural que...*

Oraciones subordinadas consecutivas

Expresan la consecuencia que se sigue de lo expuesto en la oración principal.

a) consecuencia causal: **luego, por consiguiente, por tanto, por lo tanto, por esto, así que, así pues, con que.**

Ejemplo: *el ejercicio de este año ha sido muy positivo. Por consiguiente deseo felicitar a todo el equipo que lo ha hecho posible.*

Formación de palabras

Derivación

Prefijos:

Anti-: indica oposición: *antieconómico.*

Contra-: indica oposición: *contraprestación.*
Infra-: indica inferioridad: *infravalorar.*
Ultra-: indica intensificación: *ultramoderno.*

Cultismos

En la formación de palabras intervienen raíces griegas o latinas, sobre todo en terminología científica.

Arqueo- (viejo): *arqueología.*
Neo- (nuevo): *neoliberalismo.*
Auto- (por uno mismo): *autonomía.*
Cripto- (oculto): *criptografía.*
Equi- (igual): *equidistante.*
Para- (semejante): *parapsicología.*

Memoria	

Para hablar del tiempo

Temperatura:

30° C	(treinta grados centígrados)
-2° C	(dos grados bajo cero)
0° C	(cero grados)

Verbos impersonales o unipersonales:

Se utilizan en tercera persona del singular, con un sujeto indefinido. La mayor parte pertenecen a fenómenos atmosféricos: *alborear, amanecer, anochecer, diluviar, escarchar, helar, granizar, llover, lloviznar, nevar, relampaguear, tronar, ventar, ventiscar; acaecer, acontecer, ocurrir, pasar, suceder, convenir, parecer.*

Hacer frío, calor, buena temperatura, bochorno.

Voces latinas usuales

Ab initio (desde el principio)
Ab hominem (argumentación en la que se rebate al contrario con sus propios argumentos)
Ad-hoc (a propósito)
A posteriori (demostración que va del efecto a la causa)
Ex cátedra (con tono doctoral)
In extenso (con todo detalle)
Inter nos (entre nosotros)
Nota bene (para agregar explicaciones a un texto)

UNIDAD 9

Diccionario A	

Boletín informativo: conjunto de noticias que transmiten los medios de comunicación.

Casa de la Moneda: establecimiento donde se acuña la moneda.

Devaluación: disminución del valor de una moneda en el mercado de cambios, mediante una disposición que define una nueva paridad.

Impagados: se dice del efecto que, pasado el día de su vencimiento, no ha sido pagado.

Resquemores: sentimientos no expresados que causan inquietud.

Eufónico: cualidad de los sonidos agradables.

Inflación: aumento generalizado, permanente y más o menos importante de los precios.

MIB: índice de la Bolsa de Milán.

Diccionario B

Betas: relaciones entre las cotizaciones, bien de los valores de un mercado y éste o bien de los distintos mercados.

Dicción: manera de hablar, de pronunciar.

Lince: animal carnívoro, parecido al gato; persona lista y sagaz.

Locutor: profesional de la radio y televión.

Mensaje navideño: discurso emitido por las autoridades en Navidad.

Volatilidad: inestabilidad de la cotización de un valor en un momento dado.

Diccionario C

Hacer especulaciones e hipótesis
Creemos que las acciones que tienen directamente...

Manifestar intencionalidad y voluntad
La empresa seguirá en Bolsa.
Queremos cerrar el ejercicio sin pérdidas
Esperamos poder comenzar las obras.

Argumentar sobre ventajas y desventajas
¿Es necesaria la devaluación?
Las exportaciones saldrán más baratas y, por el contrario...
Otra ventaja es que logra un ahorro
Por contra, las inversiones extranjeras...

Describir cambios, tendencias
Las bolsas españolas han reaccionado de forma positiva.
Desde el comienzo de la jornada...
El dólar retrocede frente a la peseta.

Manifestar objetivos
Los objetivos para los próximos años son...
El fin primordial del departamento es...

Funciones

Oraciones subordinadas temporales

Señalan el tiempo en que se realiza lo indicado por la oración principal. Las partículas utilizadas como nexos son: **cuando, en cuanto, como, que, mientras, después, antes.**

Perífrasis verbales de gerundio

a) **Acabar + gerundio:** expresa el final de un proceso: *acabó ganando.*

b) **Estar + gerundio:** indica una acción que tiene lugar en el momento de que se habla: *estamos intentando recuperar lo invertido.*

c) **Salir + gerundio:** indica que la acción es el resultado final: *salimos ganando.*

d) **Seguir + gerundio:** expresa insistencia y repetición de la acción: *estos valores siguen subiendo.*

Gramática

Prefijos indicando cantidad

Mega- (grande): *megalomanía.*
Micro- (pequeño): *micrófono.*
Oligo- (poco): *oligarquía.*
Omni-/pan- (todo): *omnipresente/panamericano.*
Poli-/multi- (mucho): *polivalente/multinacional.*
Semi-/hemi- (medio): *semiseco/hemiciclo.*
Proto- (primero): *protomártir.*

Medidas de peso

Miligramo (mg): milésima parte de un gramo.
Centigramo (cg): centésima parte de un gramo.
Decigramo (dg): décima parte de un gramo.
Gramo (g, gr).
Decagramo (Dg): diez gramos.
Hectogramo (Hg): cien gramos.
Kilogramo (kg): mil gramos.
Quintal métrico (q): cien kilos.
Tonelada métrica (t): mil kilos
Decimales (El signo indicador de decimales es la coma (,):
5,70 (cinco coma setenta).

Clave de la solución de los ejercicios

UNIDAD 1

Sección A

1.b
1.e; 2. a/c/d; 3/b.

3.b: inversión; devolución; económico; países; compañía; préstamo.

3.d
1/tienen; 2/cumplir; 3/que hay/que tenemos; 4/hay; 5/debería; 6/debe

4.b
azul: asiento destinado a los ministros; de datos: conjunto de datos almacenados en soporte informático; asiento de piedra en parques o jardines; de la paciencia: en los barcos de vela y, figuradamente, cuando alguien tiene que soportar molestias; de ojos, de sangre y de huesos para hacer transplantes y transfusiones; pinjado: en artillería, máquina antigua donde se llevaba el ariete.

Sección B

1.a
1/v; 2/v; 3/f; 4/v; 5/v; 6/f.

1.c
1/emite en exclusiva los billetes de curso legal y canjea o retira la moneda de la circulación; 2/realiza operaciones con el Tesoro y está autorizado para conceder créditos al sector público; 3/centraliza todas las operaciones económicas con el exterior y tiene a su cargo las reservas de oro y divisas; 5/funciones de carácter general y adquiere, posee y enajena valores y efectos con la finalidad de regular el mercado del dinero; 6/inspección de entidades de crédito; 7/asesoramiento y elaboración de estadísticas.

3.a
1/a; 2/c; 3/c; 4/b; 5/c; 6/a.

3.b
1/tercer; 2/veintiuna/vigésimo primera; 3/primer; 4/segunda; 5/quinto; 6/séptima.

3.c
1/para; 2/por; 3/para; 4/para; 5/por; 6/para.

3.d
intermediarios; plazo; recursos; instituciones; canje; moneda; Tesoro.

3.e
En general, los intermediarios pueden clasificarse en dos grandes grupos: bancarios y no bancarios.
En España, los primeros están compuestos por el Banco de España, bancos privados, cajas de ahorro y cooperativas de crédito.
El segundo grupo está constituido por el resto de los intermediarios (compañías de seguros, fondos de inversión, fondos de pensiones, sociedades de financiación, etc.). A medida que aumenta la variedad de intermediarios financieros, aumenta la especialización de estós. En este aspecto, debe reconocerse que el sistema financiero español ha mejorado notablemente en los últimos años.

Sección C

3.a
1/o; 2/e; 3/u; 4/y; 5/u; 6/e.

3.b

cuyos/1978/por/del/mediante/de/cambio/excepción/SME/tipos/para/y/en/en/del.

4.b

Solución Sopa de letras

Sección A

1.a

1/c; 2/b; 3/e; 4/a; 5/f; 6/d.

1.b

1/v; 2/f; 3/v; 4/v; 5/f.

1.c

1/sociedad anónima; 2/fondos de inversión; 3/sociedades de garantía recíproca; 4/accionista; 5/socio; 6/cooperativa; 7/persona jurídica.

3.a

1/su/sus; 2/su; 3/nuestros; 4/su; 5/mío; 6/tuyas.

3.b

1/se puede; 2/se cita; 3/se establece/se hace/se ha de hacer; 4/se llaman 5/se dice; 6/se señala.

3.e

1/luxemburgués; 2/alemán; 3/italiano; 4/japonés; 5/marroquí; 6/británico; 7/saudí; 8/suizo; 9/francés; 10/portugués.

Sección B

3.a

1/escríbalo; 2/acompáñela; 3/estúdielos; 4/hágala; 5/repártalas; 6/resúmalos.

3.b

1/sigan; 2/felicite; 3/reunamos; 4/sea/haya sido; 5/se molesten; 6/estén.

4.a

1/d; 2/e; 3/g; 4/h; 5/a; 6/f; 7/b; 8/c.

Sección C

3.b

1/cuándo; 2/qué mide/cuántos metros tiene/ cuánto cuesta; 3/por qué; 4/dónde; 5/cuántas; 6/cómo se va a hacer/qué distribución.

3.c

1/3 m^2; 2/9,180 m x 90 m x 3 m; 3/treinta y cinco millones/diez millones; 4/20.000.000 y 15.000.000; 5/7 % /3.000.000; 6/42 cm/ 92 cm.

3.d

1/estudiamos/estudiaremos; 2/encargo/encargaré; 3/distribuis/distribuiréis; 4/hacen/harán; 5/evaluan/evaluarán; 6/inscribo/inscribe/inscribiré/inscribirá; 7/dan de alta/darán de alta; 8/blindan/blindarán.

3.e

1/f; 2/h; 3/e; 4/g; 5/a; 6/b; 7/c; 8/d.

Sección A

3.a

1/una; 2/; 3/la; 4/del; 5/; 6/los.

3.b (posibles soluciones)

1/desea; 2/buscamos; 3/garantiza; 4/se requiere; 5/ofrecen/se ofrece; 6/se ruega.

3.c

1/c; 2/h; 3/a; 4/b; 5/g; 6/e; 7/f; 8/d.

3.e
implantación; puestos; comerciales; experiencia; remuneraciones; sucursales; historial profesional.

Sección B

1.a
A/3; b/2; 1/b.
1/v; 2/f; 3/v; 4/v; 5/f; 6/1 y 3 no se especifica.

3.a
1/están; 2/es; 3/estaba/está; 4/era/estuve; 5/eran; 6/será/serán.

3.c
El *currículum* es la carta de presentación de uno mismo ante quien nos ofrece un trabajo. Por lo tanto, su presentación y elaboración han de cuidarse al máximo. Existen muchos libros con consejos prácticos para redactar un *currículum,* pero todo *currículum* debe cumplir el esquema AIDA. Es decir, ha de ser capaz de atraer la atención, suscitar el interés, despertar el deseo e incitar a la acción.

Sección C

3.d
1/de; 2/por; 3/de; 4/por; 5/por; 6/al.

4.b
El orden correcto es: incorporación-reconocimiento médico-contratación-acogida-período de prueba e integración.

UNIDAD 4

Sección A

1.b
1/a; 2/c; 3/b; 4/c; 5/b.

3.c
Tema IV; Capítulo III; Siglo XV; Juan Carlos I; Fernando VII; Pío IX; Alfonso XII.

3.e
de/en/de/a/hasta/a/de/a/a/de/de/en/en.

4.a
1/caja de alquiler; 2/reembolso; 3/vencimiento; 4/banca; 5/imposición; 6/custodia.

Sección B

3.a
1/concertar una cita; 2/exponer dudas; 3/preguntar posibilidad; 4/posibilidad/ofrecer ayuda; 5/pedir aclaraciones/verificar información; 6/posibilidad/sugerencia.

4.b
relación de fiadores; formalización de préstamos; informe de solicitud de préstamo hipotecario; póliza de préstamos; póliza de préstamo con garantía personal; anexo póliza de crédito; relación de préstamos créditos y avales.

Sección C

1.b
1/cuenta corriente a la vista; 2/libreta o cuenta de ahorro; 3/recursos; 4/imposición a plazo fijo; 5/letra de cambio; 6/cheque; 7/interés; 8/Haber; 9/Debe; 10/giro.

1.c
persona: cliente, titular, librador; acción: abonar, pagar, facturar; documento: libreta de ahorro, contrato, letra de cambio, cheque.

2.a
1/c/f/g; 2/a/d; 3/e; 4/b.

3.c
Debe: 2/3/5/8; Haber: 1/4/6/7.

4.a
tanto por ciento; suma o adición; resta o sustracción; multiplicación; división; igual a; es mayor que; es menor que; no identidad/no igualdad; identidad; raíz cuadrada; infinito.

4.b
1/d; 2/e; 3/b; 4/c; 5/a.

Sección A

1.a
1/3; 2/1; 3/2.

1.b
1/segmento de clientes; 2/justificación; 3/forma de actuar; 4/tipos de servicios; 5/objetivos y finalidad; 6/plaza o lugar de actuación.

1.c
1/gestión de pagos; 2/nómina; 3/cheques de viaje/divisas; 4/transferencia; 5/cajas de seguridad; 6/plan de pensiones; 7/compra y venta y custodia de valores.

3.c
1/ni/ni; 2/o; 3/bien/bien; 4/o; 5/sea/o; 6/o/u.

Sección B

1.a
1/D; 2/C; 3/A; 4/B.

1.b
1/cuenta integral de ahorro; 2/crédito nuevas tecnologías; 3/*leasing*; 4/rentabilizar puntas de tesorería; 5/servicio nómina; 6/cuenta en divisas; 7/medios de pago internacionales; 8/seguro de cambio.

3.c
Revocable: el banco tiene libertad para retirar el crédito, aunque se haya señalado plazo; irrevocable: el banco se obliga a pagar el importe de las mercancías siempre que se le presenten los documentos representativos de su entrega; confirmado: intervienen dos bancos diferentes. Uno concede el crédito y el otro se obliga, por cuenta del anterior, a pagar; crédito transferible: el beneficiario tiene derecho a dar instrucciones al banco y puede ser endosado a un tercero. Un crédito no puede ser transferido más que en el caso de que haya sido denominado como «transferible» por el banco emisor; transferible divisible: en el caso de transferencia de crédito en fraccionamientos.

4.b
1/b; 2/e; 3/g; 4/c; 5/a; 6/d; 7/f.

Sección C

1.b
1/c; 2/c.

1.c
1/f; 2/v; 3/f; 4/f; 5/f; 6/v.

2.b
1/d; 2/f; 3/a; 4/b; 5/e; 6/g; 7c.

Sección A

3.c
1/domiciliación de pagos; 2/cancelación de cuenta; 3/suspensión de domiciliación de pagos; 4/pago por cuenta.

3.e
1/c; 2/e; 3/d; 4/f; 5/b; 6/a.

4.a
1/normativa vigente; 2/tipos de cheque; 3/definición de cheque.

4.c

Sección B

1.a
En el primer diálogo, Sí: 2/3/4/5/6/8/9/10; No: 1/7.
En el segundo diálogo, Sí: 1/4; No: 2/3/5/.

3.e
banco/compañía/comisión/cuenta corriente/cuenta corriente/departamento/efectivo/gastos/mi cuenta/plaza.

4.a
1/h, 3; 2/f, 1; 3/g, 4; 4/a, 8; 5/i, 9; 6/j, 10; 7/d, 5; 8/e, 6; 9/c, 7; 10/b, 2.

UNIDAD 7

Sección A

1.c
1/e; 2/g; 3/f; 4/a; 5/h; 6/d; 7/c; 8/b.

2.a
vía/canalización/economía/índole/negocación/código/supervisión.

3.b
(Sección de consulta, unidad 3).

3.d
informatizado/operaciones/órdenes/asistida/órdenes/compra/venta/precio/CATS /agentes/valor.

Sección B

1.b
1/rentabilidad; 2/seguridad/riesgo; 3/liquidez; 4/fondos de inversión.

1.c
nombres: rentabilidad/ventaja/seguridad/liquidez/rendimiento/inversor; verbo: aconsejar; adjetivos: financiero/bursátil/alícuota; inversor.

3.a
1/más 2/a/ más; 2/b/ menos; 3/a/ más; 3/b/ menos.

3.b
1/e; 2/c; 3/f; 4/b; 5/a; 6/d.

3.d
plusvalía/acciones; nominal; bursátil; contable; de liquidación; real.

4.a
a/5; b/3; c/1; d/4; e/2.

Sección C

1.c
1/al contado; 2/a plazo/en descubierto; 3/dobles; 4/con opciones; 5/con contratos de futuros; 6/opción sobre divisas.

2.b
1/doy: ventas; tomo: compras, son las palabras con las que se inicia el tanteo; hecho: cierre de la operación; por lo mejor: abierta, comprar o vender al mejor precio del mercado; alrededor: orden limitada pero con un margen en alza o en baja de uno a dos enteros; cuidando: según criterio, para no causar oscilación en la Bolsa; límite; limitada; orden ligada: no comprar sin antes vender.

4.c
Son índices bursátiles.
Se usan en Wall Street (Nueva York): Dow Jones, Standard and Poor's, AMEX, NASDAQ; en Londres: Financial Times; en Tokio: NIKKEI; en Francfort: DAX; en París: CAC; en Zurich: SCB. El P.E.R., en análisis bursátil, es el ratio más destacado (Price Earning Ratio), o multiplicador de la cotización; refleja la relación entre el precio pagado por una acción y el beneficio generado por ella.

UNIDAD 8

Sección A

1.a
1/6; 2/10; 3/4; 4/1; 5/3; 6/2; 7/5; 8/9; 9/7; 10/8.

2.a
1/abstención; 2/aclamación; 3/a mano alzada;

4/papeletas; 5/unanimidad; 6/votación; 7/voto de calidad.

3.c
1/d; 2/e; 3/b; 4/c; 5/a; 6/g; 7/h; 8/f.

3.e
antes: 2/3/5/7/8; reunión: 4; después: 1/6.

Sección B

3.c (sugerencias)
1. Les pido apoyo a todos ustedes.
2. La entidad ha tenido que crear un fondo/se ha visto obligada a...
3. Creo que algunas cosas tienen una fácil solución.
4. También quiero poner en conocimiento/Deseo comunicarles...
5. Quiero manifestarles que la fusión no.../Deseo dejar claro que...
6. Con esta operación el banco se colocará/estará...

Sección C

1.b
A/1, c; A/2, c; B/1, c; B/2 b; B/3, c; C/1, a; C/2, c; C/3, a.

3.c
Tipos de gráficos: A, Barras; B, tarta; C, diagrama para estructura jerárquica de una empresa; D, líneas; E, de Gantt.
Gráficos: 1/d; 2/b; 3/e; 4/c; 5/a.

4.a
a/al iniciar la vida empresarial; b/periódicamente, a lo largo del ejercicio para comprobar el estado de las cuentas; c/semestral o anualmente, se regularizan las cuentas y se efectúa el balance de comprobación y saldos y se buscan resultados. d/se efectúa el 31 de diciembre o en cualquier fecha que se considere como final del ejercicio; e/al iniciar un nuevo ejercicio, constituido por el balance general del ejercicio anterior con el valor de Pérdidas y Ganancias traspuesto a la cuenta de Resultados; f/representa la situación conjunta de un grupo de empresas unidas por intereses, dependencias o vínculos comunes; g/representa una estructura similar a la del balance general, preparado para facilitar la liquidación o fusión de empresas, una vez hallados los resultados.

Sección A

1.a
1/c; 2/d; 3/e; 4/b; 5/f; 6/a.

3.c
Orden correcto: 3/2/4/6/1/5

4.a
1/e; 2/d; 3/b; 4/c; 5/a; 6/f.

4.b
1/ocho piezas; 2/las de 500, 100 y 10 pesetas; 3/con el diámetro, a mayor diámetro, más peso; 4/aleaciones: amarillo (cobre, aluminio, níquiel, hierro y manganeso), blanco (cupro-níquel y la de la peseta, hecha toda en alumnio); 5/diseño e inscripciones, agujero central en la de 25 pesetas; 6/agujero central en la de 25 pesetas, borde lobulado en la de 50 y la moldura ancha de la de 200 pesetas.

Sección B

1.b
mantener los niveles actuales de tipos de interés; la situación es el rebote de los precios y fuertes apoyos institucionales, la orientación alcista; Londres, Francfort y Nueva York son las Bolsas respectivas; datos positivos de la economía norteamericana.

1.c
1/d; 2/i; 3/h; 4/a; 5/j; 6/e; 7/f; 8/b; 9/g; 10/c.

2.b
Análisis bursátil.
El mayor atractivo de arapistas se encuentra en la rentabilidad por dividendo, superior al doce por

ciento. Se beneficiará del previsible aumento de beneficios.

En bancos, el BAB se puede beneficiar de su buen control de costes y la morosidad. La prevista mejora en la calidad de sus resultados tendrá consecuencias beneficiosas sobre su evolución en la Bolsa.

Mientras que el BP sigue presentando los mejores resultados de la banca nacional gracias a su política conservadora y sin riesgos.

De las eléctricas hay que destacar que VF, a pesar de haber sido castigada en bolsa, ofrece una rentabilidad por dividendos muy elevada, en torno al doce por ciento.

3.a
1/d; 2/g; 3/f; 4/c; 5/h; 6/b; 7/a; 8/i; 9/e.

3.b (sugerencias)
1. ¿Se trató de una operación sorpresa... la OPA?
2. ¿Cuánto controlan en la empresa?
3. ¿Estarían dispuestos a comprar las otras acciones?
4. ¿Cuáles son sus planes de futuro?

3.d
Opciones y futuros.

Sección C

3.b
El servicio de estudio de la Bolsa de Madrid ha iniciado la edición de un boletín mensual interno sobre la volatilidad del índice IBEX-35, el índice del mercado continuo de las bolsas españolas. De uso interno para los miembros del mercado, en el boletín se calculan las volatilidades —esto es, la inestabilidad de la cotización en un momento dado— y las betas, o sea, las relaciones entre las cotizaciones, bien de los valores de un mercado y éste, o bien de los distintos mercados.

3.c
1/inversiones, cuenta de depósito; 2/cuenta especial; 3/monedas conmemorativas para inversión y colección; 4/tarjeta del Diner's Club; 5/cuenta especial; 6/tarjeta de crédito.

Apéndice de abreviaturas y siglas

ABREVIATURAS

a/c. ....A cuenta
Admón. ....Administración
a/f. ....A favor
apdo. o aptdo ....Apartado (Correos)
Art. o Art.º................................Artículo
Avda. ....Avenida

Bco. o B. ....Banco
BOE. ....Boletín Oficial del Estado

C.V. o H.P. ....Caballos de vapor
C/ ....Calle
C.º ....Cambio
cap. o cap.º................................Capítulo
cgo. o c ....Cargo
....Carta
c/o ....Carta orden
cg. ....Centigramo
cl. ....Centilitro
cm. ....Centímetro
Cert. ....Certificado
Cdad. ....Ciudad
Cód. ....Código
Com. ....Comisión
Cía., Comp.ª, c.ª ....Compañía
corje. ....Corretaje
Cta. ....Cuenta
Cta. cte. o c/c..............Cuenta corriente

ch. ....Cheque

D. ....Don
D.ª ....Doña
Dg. ....Decagramo
Dl. ....Decalitro
Dm. ....Decámetro

dm. ....Decímetro
dpto. ....Departamento
dcha. ....Derecha
dto. ....Descuento
d/ ....Día(s)
d/f ....Días fecha
d/v. ....Días vista
D.m. ....Dios mediante
Dtor. ....Director
Dr. ....Doctor
doc. ....Documento
dupdo., dupl. ....Duplicado

Ed. ....Edición, editor, editorial
efvo. ....Efectivo
E/ ef. ....Efecto(s)
E/ pag. ....Efecto a pagar
E/cob. ....Efecto a cobrar
E/neg. ....Efecto a negociar
ej. ....Ejemplo
E.P.M. ....En propia mano
entlo ....Entresuelo
e/ ....Envío
E ....Este (punto cardinal)
etc. ....Etcétera
Excmo. ....Excelentísimo
ext. ....Exterior

fáb. ....Fábrica
fra. ....Factura
fcha. ....Fecha
f/f. ....Fecha factura
f.º, fol. ....Folio
fr. ....Franco

gtos. ....Gastos
gral. ....General

g/ ....Giro
G.P., g/p. ....Giro postal
G.T., g/t. ....Giro telegráfico
g., grs. ....Gramo(s)

Ha. ....Hectárea
Hg. ....Hectogramo
Hl. ....Hectolitro
Hm. ....Hectómetro
Hnos. ....Hermanos

ib, ibid ....Ibidem
íd. ....Idem
Ilmo. ....Ilustrísimo
Impte. ....Importe
Impto. ....Impuesto
IVA. ....Impuesto sobre el
Valor Añadido

Juzg.º ....Juzgado

Kg. ....Kilogramo
Km. ....Kilómetro
Km.² ....Kilómetro cuadrado
Km./h., km./h. ....Kilómetro por
hora

L/ ....Letra de cambio
£ ....Libra esterlina
Ldo. ....Licenciado
Ltd., Ltda. ....Limitada
L. ....Liras

Máx. ....Máximo
m/. ....Meses
m/v. ....Meses vista

185

m., mts.	Metro(s)	P.N.	Peso neto	s/cgo.	Su cargo
m.²	Metro cuadrado	Pl.	Plaza	s/c.	Su casa
m.³	Metro cúbico	P. admón.	Por administración	S.E.	Su Excelencia
m/c.	Mi cuenta	P.A., p.a.	Por ausencia	s/fra.	Su factura
m/fra.	Mi factura	P.A., p.a.	Por autorización	s/fv.	Su favor
m/f.	Mi favor	%	Por ciento	s/g.	Su giro
mg.	Miligramo	p/cta.	Por cuenta	s/L.	Su letra
ml.	Mililitro	p. ej.	Por ejemplo	S.M.	Su Majestad
mm.	Milímetro	p. o., P. O., p/o	Por orden	s/o.	Su orden
mín.	Mínimo	p.p.	Porte pagado	s/p.	Su pagaré
m.	Minuto	P.D., P.S.	Posdata o Post scriptum	s/r.	Su remesa
Mod.	Modelo	P.V.P	Precio venta al público	s.s.s.	Su seguro servidor
		prov.	Provincia	SE	Sudeste
Nom.	Nominal	ppdo.	Próximo pasado	SO	Sudoeste
N.	Norte				
NE.	Nordeste	Ref., Rf.ª	Referencia	t/.	Talón
NO.	Noroeste	Rte.	Remitente	T.	Tara
n/	Nuestro/a	r.p.m.	Revoluciones por minuto	Tel., Teléf.	Teléfono
n/cta.	Nuestra cuenta			Tít.	Título
n/fra.	Nuestra factura	sdo.	Saldo	t.	Tomo
n/L.	Nuestra letra	s.b.f.	Salvo buen fin	Tm.	Tonelada métrica
n/o.	Nuestra orden	s.e.u.o.	Salvo error u omisión		
n/r.	Nuestra remesa	s/	Según	Ud., Uds.	Ustedes
n/cgo.	Nuestro cargo	s.s.	Seguro servidor	últ.	Último
n/ch.	Nuestro cheque	Sr.	Señor		
n/g.	Nuestro giro	Sra.	Señora	V	Valor
n/p.	Nuestro pagaré	Sres. Srs.	Señores	V/cta.	Valor en cuenta
Núm., n.º	Número	Srta.	Señorita	V/r.	Valor recibido
		ss., sigs.	Siguientes	v.	Véase
o/	Orden	S.G.	Sin gastos	vto.	Vencimiento
O.M.	Orden Ministerial	s/n.	Sin número	v.g., v.gr.	Verbigracia
		Sdad.	Sociedad.	V.º B.º	Visto bueno
p/.	Pagaré	S.A.	Sociedad Anómina	Vda.	Viuda
pág.	Página	S.C.	Sociedad en Comandita	vol.	Volumen
p.º	Paseo	S.R.C.	Sociedad Regular Colectiva	V.I.	Vuestra Ilustrísima
pta., ptas., pts.	Pesetas	S.L.	Sociedad Limitada	V.E.	Vuestra Excelencia

SIGLAS

AAC: Arancel Aduanero Común.
AEB: Asociación Española de Banca.
AECOC: Asociación Europea de Codificación Comercial.
AELC: Asociación Europea de Libre Cambio.
ALALC: Asociación Latinoamericana de Libre Comercio.
AMA: American Marketing Association.
AME: Acuerdo Monetario Internacional.
ANGED: Asociación Nacional de Grandes Empresas de
    Distribución.

BEI: Banco Europeo de Inversión.
BERD: Banco Europeo de Reconstrucción y Desarrollo.
BEX: Banco Exterior de España.
BOE: Boletín Oficial del Estado.
BOCM: Boletín Oficial de la Comunidad de Madrid.

CAMP: Caja de Ahorros y Monte de Piedad de Madrid.
CAMPSA: Compañía Arrendataria del Monopolio de
    Petróleos.
CARICOM: Mercado Común del Caribe.
CARIFTA: Caribbean Free Trade Association.
CATS: Mercado continuo asistido por ordenador.
CECA: Comunidad Europea del Carbón y del Acero.
CED: Comunidad Europea de Defensa.
CEDIN: Centro de Documentación e Información del
    Comercio Exterior.

CEE: Comunidad Económica Europea.
CEOE: Confederación Española de Organizaciones
    Empresariales.
CEPYME: Confederación Empresarial Pequeña y Mediana
    Empresa.
CES: Comité Económico y Social.
CNMV: Comisión Nacional del Mercado de Valores.
COMECON: Consejo de Asistencia Económica Mutua.
COPA: Comité de Organizaciones Profesionales Agrícolas.
COREPER: Comité de Representantes Permanentes.
CSB: Consejo Superior Bancario.

EAN: International Article Numbering Association.
ECU: Unidad de Cuenta Europea (European Currency Unit)
EFTA: Asociación Europea de Libre Comercio.
EUR-12: Los 12 países miembros de la CEE.
EURATOM: Comisión Europea de la Energía Atómica.
EUROSTAT: Oficina Estadística de Comunidades Europeas

FDG: Fondo de Garantía de Depósitos.
FED: Fondo Europeo de Desarrollo.
FEDER: Fonde Europeo de Desarrollo Regional.
FEOGA: Fondo Europeo de Orientación y Garantía
    Agrícola.
FSE: Fondo Social Europeo.

GATT: Acuerdo General sobre Aranceles y Comercio.
IATA: Asociación Internacional de Transporte Aéreo.
ICEX: Instituto Español de Comercio Exterior.
ICO: Instituto de Crédito Oficial.
IEME: Instituto de Moneda Extranjera.
IFEMA: Instituto Ferial de Madrid.
IGTE: Impuesto General sobre el Tráfico de Empresas.
IIEE: Impuestos especiales.
IMAC: Instituto de Mediación y Arbitraje.
INDO: Instituto Nacional de Denominación de Origen.
INFE: Instituto Nacional de Fomento a la Exportación.
INH: Instituto Nacional de Hidrocarburos.
INI: Instituto Nacional de Industria.
IRESCO: Instituto de Reforma de las Estructuras
          Comerciales (hasta 1986).
ITE: Impuesto Tráfico de Empresas.
IVA: Impuesto sobre el Valor Añadido.

LMV: Ley del Mercado de Valores.

MCCA: Mercado Común Centroamericano.
MCE: Mercado Común Europeo.

NABALALC: Nomenclatura Arancelaria Uniforme de la
           Asociación Latinoamericana de Libre
           Comercio.

NAUCA: Nomenclatura Uniforme Centroamericana.

OCDE: Organización de Cooperación y Desarrollo
       Económico.
OECE: Organización Europea de Cooperación Económica.

PAC: Política Agrícola Común.
PIB: Producto Interior Bruto.
PNB: Producto Nacional Bruto.
PYMES: Pequeñas y Medianas Empresas.

RAI: Registro de Aceptos Impagados.

SFE: Sistema Financiero Español.
SIB: Servicio de Información Bursátil.
SME: Sistema Monetario Europeo.
SMMD: Sociedades Mediadoras en el Mercado del Dinero.

TAE: Tasa Anual Equivalente.
TEC: Tarifa o Arancel Exterior Común.
TIR: Transporte Internacional por Carretera.

UEP: Unión Europea de Pagos.
UNICE: Unión de Industrias de la Comunidad Europea.
USA: (Estados Unidos de América) United States of
America.

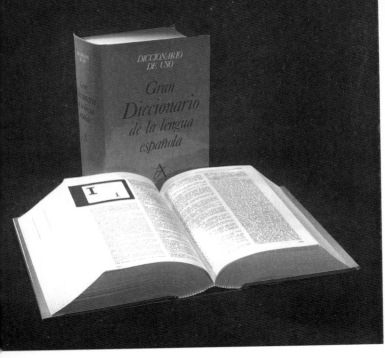

Glosario

Español	Inglés	Francés	Alemán
A			
Acción	share, stock	action	Aktie
Actividad económica	financial activity	activité financière	Wirtschaftsätigkeit
Activos reales	real assets	actifs rèels	Realwerte; Ireale Güter
Activos financieros	liquid assets	avoirs liquides	liquide Aktiva
Aduana	customs	douane	Zoll
Agente de Cambio y Bolsa	stockbroker, jobber, dealer	agent de change	Börsenmakler, Kurmakler
Agentes económicos	economic agents, transactor	agents économiques	Wirtschaftssubjekte
Ahorrar	to save	épargner	sparen
Albarán	invoice, delivery note	bulletin de livraison	Lieferschein, Warenrechnung
Alcista	bull	haussier	Huassier
Alta (darse de)	to enrol	s'inscrire	anmelden
Amortización	amortization, redemption	amortissement	Abschreibung, Tilgung
Ampliación (capital)	increase	augmentation	(Kapital-) erhöhung
Arancel	customs tariff	tarif douanier	Zoll, Zoli'tarif
Arbitrio	tax	taxes municipales	Steuer
Archivo	file	dossier archives	Akte
Asalariado	wage earner	salarié	Lohnempfänger
Asiento	book entry	écriture comptable	Bucheintragung, Buchung
Auditoría	audit	contrôle	Revision
Aval	guarantee	aval, garantie	Aval
B			
Baja (darse de)	to resign, to drop ut	cesser d;apparternir, être en cangé	sich beurlauben lassen sich an melde
Bajista	bear	baissier	Baissier
Balance	balance	bilan, balance	Bilanz
Balanza comercial	trade balance, visible balance	balance comerciale	Handelsbilanz
Balanza de pagos	balance of payments	balance des paiements	Zahlungsbilanz
Banco	bank	banque	Bank
Banco de bancos	bankers'bank	banque des banques	Bank der Banken
Base de datos relacional	relational data base	bases des données relationnelle	relationale Datenbasis
Base imponible	taxable amount	base d'imposition	Besteuerungsgrundlage
Base jurídica	legal basis	base juridique	Rechtsgrundlage
Base monetaria	monetary base	base monétaire	monëtare Basis, Geldbasis
Beneficiario	payee	bénéficiaire	EmpfängerI; Begünstigter

Español	Inglés	Francés	Alemán
eneficio	profit, benefit	profit, bénéfice	Gewinn, Profit
eneficio fiscal	tax concession	avantage fiscal	Steuervorteil
ienes	goods	biens	Güter, Vermögen
ienes de consumo duraderos	consumer durables	biens de consommation durables	langlebige Konsumgüter
ienes de inversión	capital goods, investment goods	biens d'investissement	Investitionsgüter
ilateral	bilateral	bilatéral	bilateral
olsa de Valores	Stock Exchange	Bourse des Valeurs	Wertpapierbörse
ono	bond, voucher	bon	Guschein, Bon
ono público,	Government bond,	obligation d'Etat	staatliche Obligation,
ono del Estado	Government stock		Staats-Schuldverschreibung
ucle	loop construct	élément de boucle	Schleifenkonstrukt

Español	Inglés	Francés	Alemán
ampaña de comercialización	marketing year	campagne de commercialisation	Vermarktungfelding
ampaña de importación	importing season	campagne d'importation	Einführungswerbung
apital de riesgo	risk capital	Capital de risque	Risikokapital
apital social	share capital	capital-actions	Aktienkapital
		capital social	Grundkapital
arga fiscal	tax burden	charge fiscale	Steuerbelastung
arretera	road	route	Landstrasse
artera de valores	portfolio	portefeuille	Anlageportefeuille
entro de comercialización	marketing centre	centre de commercialisation	Handelsplatz
esta de divisas	basket of currencies	panier de monnaies	Währungskorb
erre (Bolsa)	closing	clôture	Schluss
áusula	clause	clause	Klausel
oaseguro	mutual insurance	assurance mutuelle	Mitversicherung
obertura	cover	couverture	Deckung
obro	cashing	encaissement	Einkassierung
ódigo de barras	code, flag	code barré	Strichcode
omercio exterior	external trade	commerce extérieur	Aussenhandel
omercio internacional	international trade	commerce international	zwischenstaatlicher Handel
omisión	commission	commission	Provision, Auftrag
ompetencia	competition	concurrence	Wettbewerb
ompra (precio de)	buying-in price	prix d'achat	Kaufpreis
onsorcio	consortium	consortium	Konsortium
ontraprestación	benefic	contreprestation	Gegenleistung
ontravalor	equivalent	contre-valeur	Gegenwert
onsumidor	consumer	consommateur	Verbraucher, Konsument
onsumo	consumption	consommation	Konsum, Verbrauch
ontabilidad	accountancy, book-keeping	contabilité	Buchführung
ontado (al)	cash	comptant	Bar gegen
ontenedor	container	container	Container
ontingentación	import quota	contingent d'importation	Kontingierung
ontrato de fianza	contract of guarantee	contrat de cautionnement	Bürgschaftsvertrag
ontrato de transporte	contract of carriage	contrat de transport	Frachtvertrag
ontribución	contribution	contribution	Beitrag, Steuer
ontribuyente	tax payer	contribuable	Steuerzahler
onvenio	settlement	accord, convention	Vereinbarung
ooperativa	cooperative society	coopérative	Genossenschaft
orredor de seguros	insurance broker	courtier d'assurance	Versicherungsmakler
orretaje	brokerage	courtage, commission	Maklergebühr
orro	round enclosure	parquet	Gruppe
oste	cost	coût, frais	Kosten
otización	quotation	cours, cotation	Kurs
oyuntura	situation, busines cycle	conjoncture	Konjunktur
ecimiento económico	economic growth	croissance économique	Wirtschaftswachstum
rédito	credit, loan	crédit	Kredit
rédito documentario	documentary credit	crédit documentaire	Dokumentenkredit
risis	crisis, de pression	crise	Krise
uenta	account	compte	Rechnung
uenta bancaria	bank account	compte bancaire	Bankkonto
uenta corriente	current account	compte courant	Kontokorrent. Konto
uenta a plazo	fixed term	à terme	Depositenkonto

Español	Inglés	Francés	Alemán
Cuentas de compensación	balancing accounts	comptes de compensation	Ausgleichskonten
Cuota	quota	quote, part	Quote, Anteil
Cupón	coupon	coupon	Kupon, Schein

CH

Cheque	cheque	chèque	Scheck

D

Español	Inglés	Francés	Alemán
Debe	debit, liabilities	débit	Debet, Soll
Declarante (el)	the declarant	le déclarant	der Zollbeteiligte
Déficit	deficit	déficit	Defizit
Demanda	demand	demande	Nachfrage
Demanda de pago	claim for payment	demande de paiement	Zahlungsaufforderung
Denominación comercial	trade description/name	désignation commerciale	handelsübliche Bezeichnung
Denominación de origen	denomination of origin	appellation d'origine	Herkunftskennzeichnung
Depositante	depositor	entrepositaire	Einlagerer, Hinterleger
Depositario	warehouse keeper	entreposeur	Lagerhalter, Verwahrer
Depresión	depression	dépression, crise	Tiefstand, Depression
Derecho *antidumping*	anti-dumping duty	droit antidumping	Antidumpingzoll
Derechos arancelarios	customs duty	droits de douanes	Zoll, Zölle
Derechohabiente	the entitled payee	l'ayant droit	der Empfangsberechtigte
Descuento	deduction beforechand	précompte	Vorwegabzug
Desempleo	unemployment	chômage	Arbeitslosigkeit
Desgravación	tax remission, relief	dégrévement	Steuerbefreiung
Detallista	retalier	détaillant	Kleinhändler
Deuda	debt	dette	Schuld
Deudor	debtor	débiteur	Abgabenschuldner
Devaluación	devaluation	dévaluation	Abwertung
Diario	day book, journal	journal	Tagebuch
Dinero	money, currency	argent	Geld
Dinero metálico	cash	espéces	Bargeld
Diseño	design	dessin	Zeichnung
Distribución	distribution	distribution	Vertrieb, Aufteilung
Dividendo	dividend	dividende	Dividende
Divisa	foreign exchange	devise	Devisen, Fremdwährung
Dotación	allocation	dotation	Zuweisung

E

Español	Inglés	Francés	Alemán
Economato	cooperative retail society, consumer's cooperative	économat	betriebseigenes Geschäft Genossenschaftsladen
Efecto público	effects, securities	effet public	Staatspapier
Embalaje	packing	emballages	Umschliessungen
Embargo	seizure	saisie	Beschlagnahme
Embarque	shipment	embarquement	Einschiffung
Emisión	issue	émission	Emission, Ausgabe
Emisión de valores	underwriting of new issues	émission des titres	Effentenemission
Empleo total	occupied population	emploi total	Erwerbstätige
Empresa	firm, company	entreprise	Unternehmen
Entero	point	point	Punkt
Entrega a cuenta	payment by instalment	versement d'acompte	Abschlagszahlung
Error de *software*	software error	erreur logiciel	Softwarefehler
Especular	to speculate	spéculer	spekulieren
Estadística	statistics	statistique	Statistik
Estanflación	stagflation	stagflation	Stagflation
Estatuto	statute	statut	Gesetz, Statut
Eurobancos	Euro-banks	eurobanques	Eurobanken
Eurobono, euroobligación	Euro-bond	euro-obligation	Euroschuldverschreibung
Eurocapitales	Euro-funds	eurocapitaux	Eurogelder
Eurocréditos	Euro-credits	eurocrédits	Euro-Kredite

Español	Inglés	Francés	Alemán
Eurodivisas	Euro-currencies	eurodevises, euromonnaies	Euro-Währungen
Evasión	evasion	évasion	(Steuer) flucht
Excedente	surplus	excédent	uberschuss
Existencias	stock	stocks	Vorrat

F

Español	Inglés	Francés	Alemán
Factura	invoice, bill	facture	Faktura, Rechnung
Fase de la producción	production stage	stade de la production	Erzeugerstufe
Fecha de llegada	date of arrival	date d'arrivée	Ankunftsdatum
Feria	fair	forie	Messe
Fiador (ser)	to act as guarantor	se porter caution	als Zollbürge auftreten
Fiduciario	fiduciary	fiduciaire	treuhänderisch
Filial	subsidiary, branch	filiale	Tochtergesellschaft
Fiabilidad del *software*	software reliability	fiabilité du logiciel	Softwarezuverlässigkeit
Fiscal	fiscal	fiscal	Steuer-, Fiskal-
Flete	freight	fret	Fracht
Fomento	promotion	promotion	Förderung
Fondo	fund	fonds	Fonds
Franquicia	exemption	franchise	Freibetrag
Fraude	fraud	fraude	Betrung; arglistige Täuschunq

G

Español	Inglés	Francés	Alemán
Ganancia	profit	gain	Gewinn
Garantía	guarantee, warranty	garantie	Garantie
Gastos	expenditure	dépense, frais	Ausgaben , Kosten
Gestión de un *software*	software management	gestion du logiciel	Software-Management
Giro postal	postal order	mandat postal	Postanweisung, Postüberweisung
Granelado	bulksale, sale by bulk	en vrac	in grosser Menge
Gravar	to burdem, to tax	grever	auferlegen, belasten

H

Español	Inglés	Francés	Alemán
Haber	credit, assets	avoir	Haben
Herramienta *software*	software tool	outil logiciel	Softwarewerkzeug
Hiperinflación	hyperinflation	hyperinflation	Hyperinflation
Hipoteca	mortgage	hypothèque	Hypothek
Horas de apertura	hours of business	heures d'ouverture	Amtsstundem

I

Español	Inglés	Francés	Alemán
Identificación (marca de)	identification marks	marques d'identification	Nämlichkeitszeichen
Implantación	introduction	implantation	Einführung
Importación de bienes	importation of goods	importation d'un bien	Einfuhr eines Gegenstands
Imposición (en cuenta)	deposit	dépôt	Einlage
Impreso	printed form	formulaire	Vordruck
Impuesto	tax, levy	impôt	Steuer
Impugnado (documento)	disputed document	document contesté	beanstandetes Dokument
Incapacidad	disability	incapacité, inhabilité	Unfähgkeit
Indemnización	indemnity	indemnité	Entschädigung
Indicadores	indicators	indicateurs	Indikatoren
Inflación	inflation	inflation	Inflation
Informe	report	rapport	Berichte
Infraestructura	infrastructure	infrastructure	Infrastruktur
Ingeniería de *software*	software engineering	génie logiciel	Softwaretechnik
Ingresos	income, revenue	revenu	Einkommen
Inicializar	to initialize	initialiser	initilisieren
Insolvencia	insolvency	faillite, déconfiture	Zahlungsunfähigkeit
Instancia	application form	instance	Eingabe, Bittschrift; Antrag
Interés	interest	intérêt	Nutzen, Interesse, Zinsen

Español	Inglés	Francés	Alemán
Interfacer	to interface	interfacer	kommunizieren
Intermediario	inventory, stock taking	inventaire	Inventur
Internacional (comercio)	international trade	commerce international	zwischensttaaltlicher
Interventor	financial controller	contrôleur financier	Finanzkontrolleur
Inversión	investment	investissement, placement	Investition
Inversor	investor	investisseur	Angeler, Investor-Gabler

L

Español	Inglés	Francés	Alemán
Letra de cambio	bill of exchange	lettre de change	Trate, Wechsel
Liberalización	liberalization	libéralisation	Liberalisierung
Librado	drawee	tiré	(Wechsel-) bezogener,
Librador	drwawer	tireur	Aussteller
Libre de impuesto (precio)	price exclusive of tax, free-tax	prix horse tasee	Preis obne, Steuer
Librecambio	Free trade	Libre échange	Freihandel
Libreta de ahorro	passbook, bankbook	livret	Bankbuch, Sparbuch
Licencia	licence	licence	lizenz, Erlaubnis
Liquidez	liquidity	liquidité	Liquidität
Líquido	liquid, net	liquid, net	Flüssig, netto
Locomotora	engine	locomotive	Lokomotive
Lucro	profit, gain	profit	Gewinn, Profit

M

Español	Inglés	Francés	Alemán
Marca	trade mark, brand	marque	Marke
Marco (disposición)	outline provision	disposition cadre	Rahmenvorschrift
Margen bruto de beneficios	framework/gross profit margin	marge bénéficiaire brute	Bruttogewinnspanne
Marina mercante	merchant marine	marine marchande	Handelsmarine
Masa monetaria	money stock, money supply	masse monétaire	Geldvolumen, Geldmenge
Materia prima	raw material	matière première	Rohstoff
Mayorista	wholesaler	grossiste	Grosshändler
Mensual (aumento)	monthly increase	majoration mensuelle	monatlicher Zuschlag
Mercado secundario	secondary market	marché secondaire	untergeordneter Markt
Mercado único	single market	marché unique	gemeinsamer Markt
Mercancía	goods, merchandise	marchandise	Ware, (Handels-) gut
Mercantil	commercial, mercantile	mercantile	Handels-
Metálico (depósito en)	cash deposit	dépôt d'espèces	Barsicherheit
Minorista	retailer	détaillant	Kleinhändler
Moda	fashion	mode	Mode
Modo de transporte	mode of transport	mode de transport	Beförderungsart
Monopolio	monopoly	monopole	Monopol
Móvil (parte)	variable component	élément mobile	beweglicher Teilbetrag
Movilizar fondos	to mobilize funds	mobiliser des fonds	Mittel mobilisieren
Multilateral	multilateral	multilatéral	mehrseitiges
Multinacional	multinational	multinational	multinational

N

Español	Inglés	Francés	Alemán
Navegación	navigation	navigation	Schiffahrt
Navío	ship	navire	Schiff
Necesidad	need	besoin, nécessité	Bedarf, Nachfrage
Negociación	negotiation	négotiation	Verhandlung
Negocio	business	affaire	Geshföt
Nomenclatura	nomenclature	nomenclature	Verzeichnis

O

Español	Inglés	Francés	Alemán
Obligación	debenture, bond	obligation	Obligation
Obligacionista	bond holder	obligataire	Obligationär
Oferta	offert, supply	offre	Angebot
Oficio	communiqué, official note	communication	amtliche Zuschrift

Español	Inglés	Francés	Alemán
Operación (bursátil)	transaction	opération	Börsengeschäft
Operación ocasional	occasional transaction	opération occasionnelle	Gelegenheitsumsatz
Orden de pago	payment order	ordre de paiement	Auszahlugsanordnung
Ordinarios (ingresos)	current revenue	recettes courantes	laufende Einnahmen

P

Español	Inglés	Francés	Alemán
Pabellón	flag, banner	pavillon, drapeau	Flagge
Pagaré	promisory note I.O.U.	billet à ordre, reconnaissance de dette	Schuldschein
Pago	payment	paiement, versement	Zahlung, Bezahlung
Paridad	parity	parité	Parität, Gleichheit
Paro	unemployment	chômage	Arbeitslosigkeit
Participación	sharing	participation	Beteiligung
Partida doble	double entry	partie double	doppelte Buchführung
Partida simple	single entry	partie simple	einfache Buchführung
Pasivo	liabilities	passif	Passiva
Patente	patent	brevet d'invention	Patent
Patrimonio	patrimony, estate	patrimoine	Vermögen, Nachlass
Patrón-oro	gold standard	étalon-or	Goldwährung
País de procedencia	country of consignment	Pays d'origine	Herfunftsland
Pedido	order	commande	Bestellung, Auftrag
Período de referencia	base period	période de référence	Vergleichsperiode
Pérdida	loss	perte	Verlust
Permiso de importación	import permit	permis d'importation	Einfuhrbewilligung
Peso bruto	gross weight	poids brut	Rohgewicht
Peso neto	net weight	poids net	Eigengewicht oder Gewicht
Plan contable	accounting plan	plan comptable	Buchungsplan
Plazo de pago	time limit for payment	délai de paiement	Zahlungsfrist
Plusvalía	betterment	appréciation	Planungsgewinn
Poder adquisitivo	purchasing power	pouvoir d'achat	Kaufkrat
Póliza	policy	police	Police
Porte debido	carriage forward	en port dû	unfreies Porto
Porte pagado	carriage paid/freight prepaid	port payé	franko (Porto)
Postal	postal	postal	Post-
Precio	price	prix	Preis
Prenda	pledge	gage	Pfand
Presión fiscal	tax burden	pression fiscal	Steuerdruck
Prestación	benefit	prestation	Leistung
Préstamo	loan	prêt	Darlehen
Presupuesto	budget	budget, devis	Haushaltsplan, Voranschlag
Previsión	forecasting	prévision	Voraussagen
Prima (seguros)	premium	prime	Prämie
Producción	production	production	Erzeugung, Produktion
Productividad	productivity	productivité	Produktivität
Productor	producer	producteur	Hersteller, Arbeiter
Productos agrícolas	agricultural products	produits agricoles	landwirtschafttliche Erzeugnisse
Productos manufacturados	manufactured goods	produits manufacturés	Industriezeugnisse
Propietario	owner, landlord	propiétaire	Eigentümer
Prosperidad	prosperity	prosperité	Prosperität
Proteccionismo	protectionism	protectionnisme	Protektionismus
Protesto	protest	protêt	Protest
Proveedor	supplier	fournisseur	Lieferer
Publicidad	publicity	publicité	Werbund

Q

Español	Inglés	Francés	Alemán
Quiebra	bankruptcy	faillite	Konkurs

Español	Inglés	Francés	Alemán

R

Español	Inglés	Francés	Alemán
Razón social	trade name	raison sociale	Firmenname
Reaseguro	reinsurance	réassurance	Rückversicherung
Recibo	receipt	quittance, acquit	Quittung
Recompra	repurchase	rachat	Rückkauf
Red	network	réseau	Netz
Redescuento	rediscount	réescompte	Rediskont
Reembolso	refund	remboursement	Rückerstattung
Regatear	to haggle, bargain	marchander	feilschen
Rendimiento	yield, output	bénéfice, rendement	Ertrag
Renta	revenue, income	revenu	Einkommen, Rente
Renta Nacional	National Income	Revenue National	Nationaleinkommen, Volkseinkommen
Rentabilidad	yields, profitability	rentabilité	Rentabilität
Rentable	profitable	rentable	rentabel
Repercutir	to affect	répercuter	auswirken
Reservas en oro	gold reserves	réserves d'or	Goldreserven
Reservas monetarias	monetary reserves	réserves monétaires	Währungsreserven
Responsabilidad	responsability	responsabilité	Verantwortlichkeit
Revaluación	revaluation	réévaluation	Aufwertung
Reventa (precio de)	reselling price	prix de revente	Wiederverkaufspreis
Riesgo	risk	risque	Risiko

S

Español	Inglés	Francés	Alemán
Saldo	balance	balance, solde	Saldo
Saldo de créditos y deudas	credit, debit balance	solde créditeur, débiteur	Debetsaldo, Sollsaldo
Seguros	insurance	assurance	Versicherung
Seguros de vida	life insurance	assurance sur la vie	Lebensiversicherung
Servicios	services	services	Dienstleistungen
Siniestro	disaster	sinistre, catastrophe	Schadensfall
Sinusoidal	sinusoidal	sinusoïdal	sinusoidal
Sistema bancario	banking system	système bancaire	Bankwesen, Banksystem
Sociedad Anónima (S.A.)	limited liability company	société anonyme (S.A.)	Aktiengesellschaft (AG)
Sociedad colectiva	partnership company	société en nom collectif	offene Handelsgesellschaft (OHG)
Sociedad comanditaria	limited partnership	société en commandité	Kommanditgesellschaft (KG)
Sociedad limitada (S.L.)	private limited company	société à responsabilité limitée	Gesellschaft mit beschränkter Haftung (GmbH)
Sociedad mercantil	trading partnership	société mercantile	Handelsgesellschaft
Socio	partner, member	associé, membre	Teilhaber, Partner
Sondeo	random check	sondage	Stichprobe
Stock regulador	buffer stock	stock régulateur	Augleichsvorrat
Suministrador (país)	supplying country	pays fournisseur	Lieferland
Suscripción	subscription	souscription	Zeichnung
Suscriptor	subscriber	souscripteur	Zeichner
Suspensión de pagos	suspension of payments	cessation des paiements	Einstellung der Zahlungen

T

Español	Inglés	Francés	Alemán
Tacógrafo	tacograph	tachographe	Tachograph
Talón	chèque, stub	chèque	Scheck
Talón cruzado	crossed	barré	gekreutzer
Talón nominativo	bearing a person's name	nominatif	Namensscheck
Talón a la orden	to the order of	à ordre	Orderscheck
Talón al portador	bearer	au porter	Inhaberscheck, überbringerscheck
Tanto por ciento	rate per cent	pourcentage	Prozentsatz
Tarifa	rate, tariff	tarif	Tarif
Tarjeta de crédito	credit card	carte de credit	Kreditkarte
Tesorería	treasury	trésorerie	Schatzamt
Tipo de descuento	discount rate	taux d'escompte	Diskontsatz

Español	Inglés	Francés	Alemán
Tipo de interés	rate of interest	taux d'intérêt	Zinsfuss
Título	security, bond title	titre	Titel, Wertpapier, Effekte
Tomador	borrower	bénéficiaire	Wechselnehmer, Darlehensnehmer
Tonelaje	registered tonnage	tonnage	Tonnengehalt, Tonnage
Tope	upper limit	plafond	Höchstsatz
Transacciones financieras	financial transactions	transactions financières	Kapitaltransaktionen
Transferencia	bank transfer	virement bancaire	Banküberweisung
Transfeir (fondos a)	funds to be transferred	fonds à transférer	zu übertragende Mittel
Transitorio (período)	transitional period	période de transition	übergangszeit
Transportista	carrier	transporteur	Frachtführer
Tratado	treaty	traité	Abkommen
Tributo	tax	impôt	Steuer
Trueque	barter	échange, troc	Tausch

U

Español	Inglés	Francés	Alemán
Unico mercado	single market	marché unique	gemeinsamer Markt
Utilidad	profit, utility	utilité, revenu	Nutzen, Gewinn

V

Español	Inglés	Francés	Alemán
Validación	validation	validation	Gültigkeitsrklärung
Valor añadido	value added	valeur ajoutée	Mehrwert
Valor comercial	commercial value	valeur commerciale	Handelswert
Valor efectivo	securities, effective value	valeur effective	Effektivewert
Valor nominal	face value, nominal value	valeur nominale	Nennwert
Vencimiento	maturity	échéance	Fälligkeit
Venta (precio de)	selling price	prix de vente	Verkaufspreis
Vía	rail, railway	voie	Weg, Bahngleis
Vías de comunicación	means of transport	voie de communication	Verkehrsweg

Z

Español	Inglés	Francés	Alemán
Zona franca	free zone	zone franche	Freizone
Zona de libre cambio	free-trade area	zone de libre-échange	Freihandelszone

Indice

9. Boletín informativo 127